La belleza es verdad y la verdad belleza.
Es todo lo que necesitas saber en la tierra.

John Keats

Senté
a la belleza
para injuriarla,
pero ebria y sorda se ha dormido
en mis rodillas.

Tomás Salvador González

© Miguel Casado, 2024

Dirección editorial:	Héctor Escobar
Director de la colección:	Gustavo Martín Garzo
Fotografía de cubierta:	José Ramón Vega
Diseño de la colección:	Miguel Riera
Maquetación:	Alberto R. Torices

ISBN: 978-84-10057-72-2

Dep. Legal: Le. 442-2024

Impreso en España — Printed in Spain

Miguel Casado
La belleza de la escritura

De la belleza (21)

Miguel Casado

La belleza de **la escritura**

EOLAS EDICIONES

a Carlos Piera

ÍNDICE

I

DE LA BELLEZA

I

Cuando empecé a pensar en este libro, lo primero que me vino a la cabeza y anoté en mi cuaderno fue «Ermitaño», un poema de Carlos Piera. Y me parece, ahora que empiezo a escribir, que también debería copiarlo en la primera página, quizá como cuando Shklovski seguía la costumbre de encabezar sus libros con una viñeta de paisaje —y *paisaje* siempre tenía amplio sentido para él—; y asimismo porque en todo este tiempo ha estado ahí, a manera de núcleo del que intentaba no separarme demasiado. Dice así:

ERMITAÑO

Reticente a los edificios huiste
y abrigaste con lentas plantas tu soledad.
Años de condiciones: decías, cuando pueda ver,

decías, si tengo mi ámbito…
Ha pasado una vez una mujer. Han sido
años lentos de espera. Tal vez seas un viejo
y un ermitaño, como piensan, porque
una espera muy larga es devoción.
No supiste, no viste. De repente
sabes mirar la bruma del sol de la mañana
y el campo de verdad, explicaciones
de una espera vuelta hacia atrás.

De cada hoja, de repente hermosa,
cuelga hace tiempo desesperación.

Aunque he de volver más adelante y detenerme
en él, este poema me ayuda ahora, de entrada,
a hacer algunas preguntas: ¿de qué *belleza de la
escritura* hablamos?, ¿son diferentes la belleza que
experimenta el lector y la que experimenta quien
escribe?, ¿la hermosura de esa bruma solar, de esas
hojas, es de la escritura?, ¿o más bien del mundo,
de la percepción del mundo? Y, además, hay en el
poema una matizada contextualización del surgi-
miento de la belleza, que aparecería por sí misma
y, a la vez, no lo podría hacer al margen de las circunstancias, de una historia. ¿Es siempre así?

En una carta de Kafka, escrita el 27 de enero de 1904 y dirigida a Oskar Pollak, compañero de clase en la adolescencia, que luego fue un reconocido historiador del arte, se encuentran estas frases sobre el sentido y valor de la literatura:

Pienso que solo debemos leer libros de los que muerden y pinchan. Si el libro que estamos leyendo no nos obliga a despertarnos como un puñetazo en la cara, ¿para qué molestarnos en leerlo?, ¿para que nos haga felices, como dice tu carta? Cielo santo, ¡seríamos igualmente felices si no tuviéramos ningún libro! Los libros que nos hagan felices podríamos escribirlos nosotros mismos, si no nos quedara otro remedio. Lo que necesitamos son libros que nos golpeen como una desgracia dolorosa, como la muerte de alguien a quien queríamos más que a nosotros mismos, libros que nos hagan sentirnos desterrados a los bosques más remotos, lejos de toda presencia humana, algo semejante al suicidio. Un libro debe ser el hacha que rompe el mar helado dentro de nosotros. Eso es lo que creo.

Este Kafka de 21 años, de torrencial raíz román-tica, no nombra a la belleza ni piensa en ella, quizá esté implícitamente excluyéndola; pero en sus pala-bras se reconocen algunas de las emociones que, como lectores, nos han llevado a sentir la belleza de la escritura, a que la convivencia con algunos libros se haya convertido en parte memorable de la vida.

La belleza se dice de muchas formas, incluso negándola. Partiendo de esta conciencia, es como evoca Eduardo Milán una fórmula de sabor rilkeano —«la belleza terrible»— que viene a aso-ciarse con la arenga de Kafka:

En el ciclo terminal de la belleza terrible,
así, de golpe y seguido, ya no hay lugar
para nadie. Volverá la función
alentadora, distinta, no paródica del hambre.
La belleza anda en boca de todos. No
como esperanza: como ahogo, como agua
sin paraíso.

Si la belleza aparece sometida a tantas variaciones que puede incluir su negación, también cabe considerar la escritura desde una perspectiva múltiple. Por ejemplo, recordando una palabra que expresa literal y estrictamente el título de que parten estas páginas, *belleza de la escritura,* de acuerdo con su etimología griega: *caligrafía.* Más allá de que la grafología busque en el ejercicio manual de la escritura posibles significaciones afectivas y una capacidad de identificación personal, la caligrafía ha tenido la consideración de arte en diversas culturas, especialmente las que utilizan para escribir códigos no alfabéticos. Así, en el contexto español, inscripciones en árabe —además de expresar un sentido, generalmente religioso— pueden formar parte de la ornamentación de la arquitectura, junto a los elementos vegetales o geométricos, como en la fachada de la antigua mezquita de Bab al-Mardum, en Toledo (hoy paradójicamente llamada «del Cristo de la Luz»). Y lo mismo ocurre, aunque en medida menor por razones históricas, con las inscripciones en hebreo; en la pequeña colección de lápidas sepulcrales judías dispuesta en el jardín del Museo Sefardí, en la misma ciudad, la combinación de la extrañeza de los grafismos con unos nombres y apellidos reconocibles ofrece un nudo de emociones. E incluso el modo en que el trabajo manual del copista se abre al entrelazamiento de la miniatura y la letra capital en los manuscritos cristianos medievales pertenece a este ámbito.

Para algunos autores contemporáneos, el carácter físico y manual de la escritura la convierte en expresión directa del cuerpo —«solamente conozco de mi escritura lo que conozco de mi cuerpo: una cenestesia, la experiencia de una presión, de una pulsión, de un deslizamiento, de un ritmo: una producción y no un producto», afirma Roland Barthes—; pero ya antes, en las tradiciones que han desarrollado un arte de la escritura, esta cualidad corporal se entendía como naturalmente constitutiva. Así, cuando Jean-François Billeter va recorriendo con detalle el proceso de aprendizaje de la escritura china, señala: «Para conocer cómo es posible retener centenares o miles de caracteres, hay que comprender que son unos gestos lo que se aprende más que unas imágenes, que es a la memoria motriz a la que se recurre más que a la memoria visual». Se trata, pues, de un «arte del gesto», acción inmediata del cuerpo que ejerce la escritura.

Sin embargo, ante la tendencia occidental de subrayar —incluso admirar o envidiar— lo pictórico de los caracteres chinos, Billeter recuerda que es en la radicalización de su condición de escritura —en una legibilidad irrenunciable— donde se apoya su potencial cualidad de arte:

> La caligrafía china no es ni una escritura aplicada ni una escritura adornada. Prohíbe la estilización arbitraria de la forma y más aun el añadido decorativo. La única preocupación del calígrafo es dar vida a los caracteres, animarlos sin forzarlos en nada. Pone su sensibilidad al servicio de la escritura para expresar su sensibilidad personal. Es gracias a esta inversión como la escritura china se convierte en un medio de expresión de una riqueza y de una finura extraordinarias.

Desde la práctica del aprendiz de chino que garabatea sus caracteres, puedo atestiguar al menos el extraño tránsito que, casi imperceptible, se va produciendo desde el momento en que se intenta copiar con aplicación lo que se percibe como unos dibujos herméticos, hasta el momento posterior en que uno se siente usando un código, va identificando los trazos y componentes y mecanizando su combinación, empieza a saber leerlos… Y, sin embargo, todavía no deja de pensar en su propia lengua: este componente es luna, este es mano, animal, piedra —ni de preguntarse por qué. La belleza de la escritura, en cualquiera de sus acepciones, es siempre un encuentro misterioso.

Se da esto además en una época en que la escritura manuscrita se va perdiendo, sustituida por el tecleo en el teléfono móvil o en el ordenador, que los rasgos personales de las letras —o los caracteres— van dejando paso a los impersonales tipos de imprenta. E incluso los chinos se han convertido en los mayores usuarios de la comunicación cibernética en el mundo, habiendo ideado para ello ingeniosos programas que permiten usar un teclado alfabético para elegir sus caracteres; sin embargo, su arte de la escritura probablemente seguirá generando formas de resistencia.

4

Acabo de evocar una percepción personal del aprendizaje de la escritura china. Y es obvio el conjunto de valores que encierra, en cualquiera de sus grados y formas, el hecho de aprender a escribir: adquisición de un uso requerido por la integración social, de un vehículo privilegiado de comunicación y cultura, de una posibilidad de expresión personal, de un espacio en que puede crecer el pensamiento crítico… Pero, a la vez, aprender a escribir es, contradictoriamente, exponerse a los designios de un instrumento de poder y de segregación. Quizá suponga el mejor ejemplo de aquella sentencia de Walter Benjamin según la cual todo documento de cultura es, de modo inseparable, un documento de barbarie.

Esta conciencia ha dado origen a mundos como el de *1984,* la verídica ficción de Orwell que denunció la «neolengua» como instrumento fundamental de opresión; incluso el edificio que le inspiró para dar sede a su «ministerio de la Verdad» puede buscarse en las guías turísticas de Londres. Pero este de la relación entre el poder y la escritura no es un fenómeno moderno y se podría documentar en casi cualquier momento de la historia. Tengo debilidad por uno al que, además, volveré más adelante desde otra perspectiva. Cuando Kublai Khan, nieto del conquistador mongol Gengis Khan, se apoderó de China —ocupó su aparato de estado y creó una nueva dinastía imperial, la de su familia, con el nombre de dinastía Yuan—, uno de los problemas más complicados que encontró en la práctica fue la falta de una escritura propia y eficaz del idioma mongol. Por evidentes razones fiscales, militares y muchas otras de gobierno eran necesarios registros y disposiciones escritos, en continuidad de los ya milenarios que se conservaban en chino. Solo a principios del siglo XIII, unas décadas antes de la coronación de Kublai Khan como emperador, en 1271, se había empezado a utilizar una escritura mongola, creada sobre la base de la del uigur, lengua del tronco turco hablada en Asia Central; pero no acababa de asentarse por su dificultad para representar los sonidos mongoles y también los chinos. Concibiéndola como uno de los instrumentos más necesarios de su poder sobre el imperio y de la unificación de este bajo la dominación mongola como gobierno universal, Kublai encargó a un erudito de su confianza que ideara una escritura para su lengua. Parece uno de los encargos más ambiciosos y atractivos de la historia. El Phags-pa lama, un alto monje del budismo tibetano —actor importante también de la extensión de esta creencia entre los mongoles, donde aún pervive—, presentó su alfabeto en 1269: basado en el tibetano, compuesto por 41 letras de aspecto cuadrado, se escribía verticalmente. El emperador fundó academias dedicadas a la propagación de la nueva escritura, y dictó numerosos decretos que obligaban a los funcionarios de cualquier etnia y lengua a utilizarla como eje de su administración. El fracaso era tal vez previsible, y la repetición de los decretos muestra la conciencia de ello: los pocos restos que quedan de la «escritura cuadrada» solo tienen interés arqueológico. Pero esta historia contiene a la vez la prueba del carácter de instrumento de poder de la escritura y, por contra, de la ilimitada resistencia de la lengua al control político. Y, a título existencial, la certeza de que todo éxito está atravesado por las raíces del fracaso.

5

Se diría que el uso actual del término *escritura* procede de Roland Barthes. Aparecía en el título de su primer libro, *El grado cero de la escritura* (1953), y él lo utilizó desde entonces con frecuencia y con su característica versatilidad: aunque era propenso al tono apodíctico, a la sentencia contundente, no parecía tomar como dogma sus propias afirmaciones y no le importaba ir moviéndolas, aceptar la metamorfosis que sufrían sus términos en cada uso. Barthes construyó o esbozó varios sistemas y no fue seguidor de ninguno de ellos. Esta versatilidad abre la puerta al flexible valor que la palabra *escritura* ha ido adquiriendo, el que se ha ido generalizando y expandiendo. *Escritura* viene a ser lo que se escribe sin intención instrumental, lo que genera un texto que tiene vida propia, ya cuente historias, produzca pensamiento, exprese emociones, construya personajes, intente analizar otros textos, se sumerja en la memoria, levante acta de unos hechos, proponga plegarias o imprecaciones, sea canto... y esta enumeración no tiene fin. Es más amplio y permeable que *literatura*; usado a secas, sin adjetivar, evita lo pretencioso de la llamada *escritura creativa*. A esto me atendré: no a una definición, sino a un uso funcional, a una actitud deductiva que antepone lo escrito a sus posibles nombres.

Pero ¿cómo hablar aquí de la escritura?, ¿como escritor o como lector?, ¿ambas cosas a la vez?

De la belleza de la escritura es sobre todo el lector el que sabe. Esa belleza es el núcleo y la vida de esa experiencia del lector. Si este también escribe, seguirá siendo lector cuando hable de otra escritura, por más que su punto de vista quede impregnado de su experiencia de escribir. Pues quien escribe no puede hablar de su escritura desde dentro de ella, necesita salir para que sea posible ese *hablar de*. El que escribe escribe. El que habla de la escritura la está leyendo; incluso si este escritor es un crítico, alguien que desarrolla un pensamiento a partir de textos, a aquellos de los que habla accede como lector.

Por eso, este libro está hecho de lecturas, aunque otros puntos de vista —el poeta, el crítico, el traductor— se crucen y determinen alguno de sus pasajes. Ha sido escrito en compañía de algunos textos y autores que iré mencionando y citando. En realidad, no siempre proceden de una elección, condicionados por variadas circunstancias, por variados contextos y tiempos, aunque, a la vez, no resulten simplemente azarosos, hay una posición personal, la historia de mis propias lecturas, el deseo de releer o el de indagar en otra lectura distinta, un momento de luz en que algo inesperado encuentra su peso y se asocia. Nunca un libro es el mismo para dos lectores diferentes, así que estas páginas tendrán también algo de propuesta —libre, azarosa— de lectura, o de confesión. Y es que, al preguntarme por la belleza de la escritura, no surgirán ideas generales, y solo podré ir volviendo a algunos de los libros que me hacen compañía.

6

Recordemos las preguntas que en este contexto suscitaba el poema de Carlos Piera: ¿la hermosura de aquella bruma solar, de aquellas hojas, es de la escritura?, ¿o más bien del mundo, de la percepción del mundo?, ¿cómo distinguir lo que la belleza del mundo pone de por sí, y lo que pone la escritura al encontrarse con ella?

Barthes consideraba *A la busca del tiempo perdido* como «la historia de una escritura», que se desarrollaría «como un drama, en tres actos». El primero «enuncia la voluntad de escribir»; el segundo, el más largo, «trata de la impotencia para escribir», y el tercero, que sería *el tiempo reencontrado*, recupera el poder de la escritura. Las frases con que resume el desenlace del segundo conectan con estas preguntas: «un último incidente lo disuade definitivamente de escribir: percibiendo desde el tren que lo devuelve a París, luego de una larga enfermedad, tres árboles en el campo, el narrador no experimenta más que indiferencia ante su belleza; concluye que no escribirá nunca más». Aun así, la escritura retornará a Proust y le permitirá cerrar en su ejercicio pleno la obra, gracias al recurso a la memoria —haciendo eco al ya lejano principio de su novela. Pero el modo en que experimenta ese momento radicalmente negativo obliga a considerarlo: su posibilidad de escritura pendería de un doble vínculo: el de la sensibilidad, y el del hecho de que esta tenga forzosamente que ser sensibilidad de algo, de algo exterior al texto, de cuya percepción depende la existencia de este. Harían falta, por tanto, en este caso, los tres árboles, y la experiencia sensible de su belleza, para que se diera la escritura.

Unas palabras de Marianne Moore, asociando una ciudad costera con Durero, sugieren una reflexión semejante:

Durero habría encontrado una razón para vivir
en una ciudad como esta, con ocho ballenas enca-
　　lladas
que contemplar, con una dulce brisa marina que
　　llega hasta casa
los días despejados, desde el agua grabada
con olas tan idénticas como las escamas
de un pez.

Es cierto que Moore, a la vez que evoca el mismo proceso para Durero que para Proust, está invirtiendo la perspectiva: la clave de la belleza que le ofrece el espectáculo de las ballenas varadas se la explica a sí misma a partir de los grabados de Durero; ve la escena como un Durero, y es eso lo que la hace memorable. Pero, si aquí la sensibilidad para la belleza del mundo se nutre de la experiencia del arte, eso no impide advertir el doble vínculo del arte con la percepción y con el mundo —la escritura abriéndose a la vez al grabado y al paisaje—, vínculo que igualmente alimenta la propia poesía de Moore. La imagen del poema realiza la transferencia de doble dirección entre la realidad y el papel, entre sendas bellezas que vienen a hacerse la misma.

Hay un poema de Gastão Cruz que recoge también este movimiento, sin limitarse a constatarlo y admirarlo, tratando de fijarse más en otros elementos del recorrido. Se titula «El propio mundo» y lo cito completo, con su aleación de precisión y lentitud:

> Los poetas que enmudecen siguen
> escritos en el mundo: pasa
> al paisaje visto el paisaje
> que resulta del mirar y de la acción
> de todos los sentidos en la poesía;
> mirando estos pinares, a otros vuelvo
> envueltos en la música de las sílabas
> porque la voz produjo

los tonos originales que la luz anima
sin copiar del mundo aroma y brillo
mas siendo el propio mundo original
que imita los versos y les quita límites.

Los lectores conocemos esta sensación: estar en un lugar que ha sido escrito y sentir indistintas la mirada y las palabras de la escritura, como si igualmente se causaran entre sí. Todos los sentidos actúan en la poesía y la voz de esta se confunde con todos los sentidos de quien percibe, disfruta y reconoce el lugar.

La altura emocional a que puede conducir este vínculo múltiple produce, así, sentido nuevo en cada caso, como la duración más allá de la muerte que encuentra Gastão Cruz tendida entre un poeta y el paisaje por él escrito. Quizá por lo extremo de la situación vital en que surge y por la extraña e intensa materialidad de sus palabras, hay un poema de Mandelstam que reúne como pocos esta encrucijada; se titula «Tierra negra», un homenaje a la fecunda tierra de Ucrania, cerca de donde —la ciudad rusa de Vorónezh— está desterrado en la primavera de 1935, latente su sentencia de muerte aún no dictada. «Respetada, ennegrecida, cuidada, / Fértil, toda de aire y cuidados, / Desmigajada, coral — / Húmedos terrones de mi tierra y libertad»: el elogio va creciendo hacia una emoción política que, en la referencia a Tierra y Libertad, el movimiento revolucionario populista fundado en Vorónezh a finales del siglo XIX, se alimenta como la tierra: del cuidado humano, coral, pues es materia viva. El poema se mueve sutilmente en esa dirección, para hacerse plegaria dirigida a la materia, al trabajo callado de escribir, al dolor y el valor: «¡Cómo agrada el arado a la capa de grasa y / La estepa yace en el barrizal de abril! / Te saludo, tierra negra: ten coraje, ojos… / Y en la labor un silencio elocuente y negro». Y lo agudo de este momento, cuando hasta la relación entre el arado y la grasa se hace emoción sensible, reaparece en otro poema de los mismos días, como si el poeta necesitara repetirlo —como se repiten las plegarias, como el mantra crece del sonido— para creerlo: «Debo vivir, aunque esté dos veces muerto, / Y la ciudad enloquezca por el agua: / […] / ¡Cómo agrada el arado a la capa de grasa y / La estepa yace en el barrizal de abril».

7

Evocar a Mandelstam aúna el dolor con la belleza, el encuentro del mundo con un hiriente sentimiento de expulsión de él. Y esto recuerda que la experiencia de la belleza no siempre se hace de lo bello; como quizá quería decir Kafka, en la escritura la fealdad y el horror, el sufrimiento, acceden a la hermosura sin perder su filo y su daño. La memoria de cualquier lector está repleta de este fenómeno incomprensible, misterioso y maravilloso a la vez.

Con precedentes en la antigüedad tardía, durante el siglo XVIII, primero Burke y después Kant propusieron el concepto de *lo sublime* para analizar este campo, tan distinto de la belleza clásica. Este concepto, afín al Romanticismo y las vanguardias, ha acabado imponiéndose como fundamental en la teoría de las últimas décadas del siglo pasado. Si no lo tengo en cuenta en estas páginas, es, por un lado, porque resultaría imposible hacerlo con el desarrollo necesario. Por otro lado y sobre todo, porque —a mi juicio— todas las formas actuales de la experiencia estética se inscribirían ahí, resultando intercambiables la palabra tradicional —*belleza*— y la filosóficamente especializada posterior —*sublime*—, que hoy vienen a referirse al mismo objeto, el que también lo es de este trabajo sobre *la belleza de la escritura.*

Del periodo tan especial de lectura que fue la pandemia, quizá el libro que más sentí como signo de ese tiempo fue *Los ríos profundos,* de José María Arguedas, y no solo porque se relate una epidemia en él. Había esperado mucho tiempo en una estantería, quizá afectado por mi menguante afición a la lectura de novelas o, más bien, por el modo repentino, impulsivo con que estas se me suelen presentar, al margen de cualquier actualidad o planificación, y de pronto explotó. Novela de aprendizaje adolescente en un mundo dominado por la opresión racial y social, sumido en la miseria y la enfermedad, violento y cruel, es inolvidable el modo en que la sensibilidad del personaje —y del autor— percibe la vida que hay en todo, sobre todo en la naturaleza y en las cosas materiales, se impregna de ella y se sumerge, con una conciencia y una práctica inusuales y admirables del movimiento coral de lo que existe y de la propia pertenencia a ello.

El ambiente de tensión de la llegada a Cuzco, en las primeras páginas del relato, construido con numerosos detalles concretos de precisa justeza, enunciados con rapidez y un poder máximo de concentración —«cruzó el patio muy rápido, como si hubiera luz», y el lector sabe a la vez, sin que llegue a nombrarse, que la oscuridad allí era fruto de un acto social, de menosprecio, y que además se daba en un mundo otro, en el que los sentidos son más de cinco y diferentes. La conciencia anticolonial y antirracista, la conciencia política y social que está en plena formación, se manifiesta del mismo modo físico, cuando todo lo que se asocia con el pasado inca se siente todavía activo y vibrátil: «Era estático el muro, pero hervía por todas sus líneas y la superficie era cambiante, como la de los ríos en el verano, que tienen una cima así, hacia el centro del caudal, que es la zona temible, la más poderosa». La vibración es amenaza, y ese personaje —que constantemente conversa con todos los elementos que lo rodean, y solo muy poco a poco va haciéndolo más con los humanos— le habla al muro con confianza en quechua, aunque se dirige a él como «piedra de sangre hirviente» —acoge su historia oscura y puede amarla desde el miedo.

De esta continua movilidad emocional se hace *Los ríos profundos*, donde todos los polos se tocan y unos se atraen como ventosas, otros se repelen con terrible aversión. En sí y fuera de sí. Del odio y el miedo, del deseo y un impulso que parece valor loco, del peso del poder y el de la miseria, de los encuentros y desencuentros del blanco y el indio, de la inconmensurabilidad de las culturas, del mal, de lo arraigado e inextirpable del mal, del sentirse ser. La melancolía es el hilo que lo hilvana todo, emoción también de raíz, mientras se suceden como clima las canciones cuya letra siempre está en quechua. Y ahí —esto lo descubre, impactada cada vez, la lectura—, cuando cristaliza o, mejor, cuaja (porque es viscoso) un ambiente turbio, temible, un morbo, que pone en juego la continuidad de la opción vital, se genera un tipo de tensión muy superior a la que reside en lo concreto de descripciones y relatos. Lo que va de estos a aquella atmósfera, ese excedente, es *la escritura*.

Títulos emblemáticos como *El corazón de las tinieblas* llevan inscritas las contradicciones de la belleza. O, por ejemplo, los centenares de páginas de *Vida y destino,* de Vasili Grossman, ofrecen un fiel testimonio del «hacha de hielo» que Kafka proponía empuñar. Seguramente lo que caracteriza la recepción de su dolor extenuante es el ahogo, que a veces obliga a suspender por un rato la lectura para recuperar el aliento; y, otras veces, también, una clase de luz que lleva a preguntarse por una belleza imposible, fuera de sí.

En la poesía, en cambio, este conflicto se da por concentración, forma la médula de las grandes obras poéticas. Entre ellas, la de Antonio Gamoneda no solo lo ha incorporado, sino que lo ha tomado en paralelo como motivo de reflexión: «Este placer sin esperanza, ¿qué significa finalmente en ti? / ¿Es que va a cesar también la música?» Estas preguntas al final de *Libro del frío* giran en torno a la fórmula, «placer sin esperanza», que incide en ese dilema básico: en Gamoneda, la mirada y el sentimiento, la experiencia de todas las cosas, están presididos, dominados por la muerte; y la decantación de los poemas conduce, con la aspereza de estos materiales, al placer estético; amasa placer y dolor en un solo cuerpo de conocimiento: «en los manjares previos a la muerte hallo mi lucidez». Ese saber, que impide toda esperanza existencial, no anula, sin embargo, el deseo de extraer belleza de la desesperación ni, al parecer, la capacidad de lograrlo. De los poemas de juventud de *Sublevación inmóvil* a la radicalidad negativa de senectud de *La prisión transparente* o *No sé,* la certidumbre de esta contradicción ha sido el núcleo en que se ha hecho fuerte la palabra de Gamoneda, el origen de la densidad que distingue su voz y el tipo de emoción que genera en el lector.

Así, en las zonas más personales de su *Libro de los venenos,* las que se separan del original de Dióscorides, es frecuente la asociación entre imágenes de luz y umbral de muerte, convertido este en tales casos —a través de una metamorfosis vertiginosa— en espacio feliz: «cumplida una hora de la unción, me miró feliz para decirme que no sentía peso en su cuerpo, que había música en su pensamiento y que se sentía llamada a nadar en la luz». Gamoneda tituló *Solo luz* una antología personal, pero conviene buscar en *Descripción de la mentira,* nudo de su mundo poético, las raíces de esta imagen. Por un lado, en el lugar recurrente de la memoria:

«Yo convalezco en sábanas limpias que me preservan de los insectos y los cristales de mi infancia permiten la imposición de una luz que les antecede en muchos días desde que existió la soledad y la pureza» —la enfermedad infantil y la blancura del lecho se rescatan atravesadas por una luz cuyo sentido las desborda, pues es exterior al tiempo, viene de un pasado impreciso que las envuelve y purifica; es la luz como ámbito de un mito del origen personal. Luego, cerca del final del libro, un verso parece directamente fundador de la imagen: «Solo vi luz en las habitaciones de la muerte»; es un mecanismo descriptivo muy de Gamoneda: habla de una luz concreta, en un edificio concreto, una muerte concreta, que tendría nombres y fecha, inscrito además todo ello en un contexto de desesperación, y eso establece un vínculo —*solo luz, la muerte*— que permanecerá más allá de las circunstancias. La poesía —la belleza misma, se diría—, en su extraña persistencia, parece asociarse con la preservación de la vida, un rescoldo al menos, entre tanto vaciamiento, tanta inminencia de muerte; al final de *Arden las pérdidas,* vuelve a repetirse el asombro de esta contradicción: «Hay una música en mí, esto es cierto, y todavía me pregunto qué significa este placer sin esperanza».

8

A lo dicho, la presencia del mundo antes de la palabra, la posibilidad de una belleza de fuerte carga negativa, cabe añadir también que existe una belleza de la lengua al margen de lo que pueda nombrar. Y la escritura bebería a la vez de estas dos fuentes que quizá pueden llamarse *externas* —externas son, pues no dependen del estricto trabajo de escribir—: el mundo y las cualidades y estratos de la propia lengua.

Es un capítulo de *Los ríos profundos* titulado «Zumbayllu»: nombre del instrumento musical que ha construido artesanalmente un compañero del colegio de Ernesto, el protagonista, a quien se lo ha regalado; para este, aparte de contener todo el poder emocional del mundo indio, abre las compuertas de un poderoso pensamiento mágico, con cuyo apoyo trata de levantar su vida personal. Después del título, el capítulo entra sin más prolegómenos en esta descripción lingüística, que por sí sola habla de lo que la lengua trae, por más que pueda tener cierto sesgo de filología-ficción:

La terminación quechua *yllu* es una onomatopeya. *Yllu* representa en una de sus formas la música que producen las pequeñas alas en vuelo; música que surge del movimiento de objetos leves. Esta voz tiene semejanza con otra más vasta: *illa*. *Illa* nombra a cierta especie de luz y a los monstruos que nacieron heridos por los rayos de la luna. *Illa* es un niño de dos cabezas o un becerro que nace decapitado; o un peñasco gigante, todo negro y lúcido, cuya superficie apareciera cruzada por una vena ancha de roca blanca, de opaca luz; es también *illa* una mazorca cuyas hileras de maíz se entrecruzan o forman remolinos; son *illas* los toros míticos que habitan el fondo de los lagos solitarios, de las altas lagunas rodeadas de totora, pobladas de patos negros. Todos los *illas* causan el bien o el mal, pero siempre en grado sumo. Tocar un *illa* y morir o alcanzar la resurrección es posible.

Y después explicará que *tankayllu* es el «tábano zumbador e inofensivo que vuela en el campo libando flores», y de él procede otra página memorable que termina evocando a un «danzante de tijeras», legendario en los pueblos de Ayacucho, que se llamó también Tankayllu. Y el «*Pinkuy-llu* es el nombre de la quena gigante que tocan los indios del sur durante las fiestas comunales»; nunca la tocan en los hogares, es un instrumento épico. La música, la danza, la belleza de la lengua, de cada una de las lenguas, por pequeña o grande que sea, por escasos o numerosos que sean sus hablantes —o que lo hayan sido.

II

DE LA ESCRITURA

9

En los pueblos, a cierta hora —describe, de nuevo, Arguedas—, las aves se dirigen visiblemente a lugares ya conocidos. A los pedregales, a las huertas, a los arbustos que crecen en la orilla de las aguadas. Y según el tiempo, su vuelo es distinto. La gente del lugar no observa esos detalles, pero los viajeros, los que han de irse, no los olvidan: Las *tuyas* [calandrias] prefieren los árboles altos, los jilgueros duermen o descansan en los arbustos amarillos; el *chihuaco* [zorzal] canta en los árboles de hojas oscuras: el sauco, el eucalipto, el lambras [aliso]; no va a los sauces. Las tórtolas vuelan a las paredes viejas y horadadas; las torcazas buscan las quebradas, los pequeños bosques de apariencia lejana; prefieren que se les oiga a cierta distancia. El gorrión es el único que está en todos los pueblos y en todas partes. El *viuda-pisk'o* [pájaro viudo] salta sobre las grandes matas de espino, abre las alas negras, las sacude, y luego grita. Los loros grandes son viajeros. Los loros pequeños prefieren los cactos, los árboles de espino. Cuando empieza a oscurecer se reparten todas esas aves en el cielo; según los pueblos toman diferentes direcciones, y sus viajes los recuerda quien las ha visto, sus trayectos no se confunden en la memoria.

El mundo es un caleidoscopio de pequeños seres, de pequeñas acciones suyas. El mundo es percibido como un caleidoscopio y sus piezas se forman en el deseo y la necesidad, se reconocen en la percepción: el color de las hojas, la altura de cada árbol, su aura de distancia, su voz. Hay muchas redes: las de las razas, las de los pájaros, los árboles, los pueblos, la rosa de los vientos, las prácticas. Y de sus nudos, los que atan su malla y la componen, se va haciendo la vida. Pero, si se busca el hilo con que se teje la escena, hay una percepción básica —mirada y voz—: la de quien puede observarla, libre de lo informe y lo uniforme de los hábitos —«los que han de irse»—, y gracias a eso la recordará. Quien lee lo que guarda esa memoria va comprobando que la descripción no viene dada en las cosas, que hay un ritmo y un movimiento en ella, la fuerza de un paisaje que es mucho más que fondo, requisito de la vida, y siempre una dinámica de decisiones: el verbo que más define la acción de los pájaros es *preferir*. Y, así, la escritura.

Percibir la belleza del mundo es percibir que está salpicado, saturado de vida. Necesita de la ruptura de la rutina, para que encuentre acogida su singularidad. Esta no es exactamente lo mismo que originalidad; lo original tiene una dimensión de tiempo, es histórico, se compara con lo que hubo antes; lo singular, con toda una variedad posible de medios, los medios que se prefieran, compone un espacio que se siente —ahí, en ese momento— sin semejanza: «sus viajes los recuerda quien las ha visto, sus trayectos no se confunden en la memoria». La escritura es lugar de la percepción más intensa; por eso, puede dar lugar al intercambio entre las dos bellezas: la del mundo hace posible la de la escritura; la de la escritura percibe la del mundo con agudeza y precisión que no se dan fuera de ella, vive en la vida del mundo —y viceversa.

La nota en prosa que el poeta portugués Carlos de Oliveira situó al principio de su gran libro *Micropaisaje*, da cuenta del origen de esos poemas en el mundo y del modo de escribirlos:

En este libro, el tema de la memoria surge varias veces. La memoria, una estalactita. Cierto día, reventando como de costumbre (con cargas de pólvora) una de las breves colinas gandaresas de donde extraen su cal, los campesinos vieron con espanto que la colina era hueca. Estalactitas suspendidas del cielo calcáreo. ¿Gotas de agua? ¿De piedra? Por esta referencia lejana y auténtica comienza el primer poema del libro. Pero no solo la memoria. También el tiempo, la elaboración del poema a través de los estratos superpuestos del tiempo, con un rigor que simula la reacción química o un pequeño sistema planetario. Todo ese rigor, toda esa frialdad, partieron, pues, de lo real, de lo cotidiano.

El origen del poema está en lugares y sucesos, y de ahí procede la voluntad de proponer una poética intercambiando sus rasgos con los elementos reales de ese origen: estalactitas-memoria, gotas de agua o de piedra-tiempo (Ponge veía las moras de los zarzales de un sendero como grumos de tinta china, tinta que escribía las moras y el camino).

Estas son las dos estrofas iniciales del primer poema de *Micropaisaje*, titulado «Estalactita»:

I

El cielo calcáreo
de una colina hueca,
donde morosas gotas
de agua o piedra
han de caer
de aquí a algunos milenios
y despertar
las tenues flores
en las corolas de cal
tan cercanas a mí
que creo oír,
filtrado por el túnel
del tiempo, de la colina,
el rocío en un jardín.

II

Imaginar
el sonido del rocío,
la lenta contracción

de los pétalos,
el peso del agua
a tal distancia,
registrar
en esa memoria
al contrario
el ritmo de la piedra
disuelta
cuando se posa
gota a gota
en las flores precoces.

El poema, la escritura, que nacen de percepción
y reflexión aunadas, requieren para existir una cualidad sensible; requieren que su posible poder de
abstracción (muy alto aquí, cuando se piensa en
el sentido del tiempo, en la complejidad del intercambio —al límite de una difícil fusión— entre el
agua y la piedra, lo sólido y lo líquido, lo estático y
lo fluyente, el puro cuerpo y lo sin cuerpo…) tenga
un arraigo sensorial. El silencio de la escena nace de
la atención de Oliveira a la sensación: oír el rocío
cayendo en el jardín, ver la gota de tiempo y piedra posándose en la flor de cal, sentir el peso del
agua, distinguir la piedra en la gota. Y trabajar esa

micromedida de lo sensible, hacerla sonar con la aliteración: «El peso / del agua / a tal distancia / es casi / imperceptible / empero pesa / planea, / posa en el papel / un pasado / de piedra / [cal ← colina] / que quema / cuando / cae» —y, en la versión de Ángel Campos Pámpano, el peso de la p, el calor de la k, que permiten asir en lo sonoro el intercambio físico de la piedra y el papel, la aporía resuelta de preservar lo material en el momento reflexivo.

Viktor Shklovski, cuando evoca el movimiento de las concepciones poéticas en la época de su juventud (la década de 1910), explorando en concreto la formación como poeta de Maiakovski, anota: «Blok [el gran poeta de la anterior generación, a quien tanto llegaron a valorar aquellos jóvenes con el tiempo] decía que una auténtica obra de arte solo puede salir si se mantiene en una relación no mediatizada, no libresca, con el mundo». Es decir, se requiere una relación de *estar en*, de *estar con*, una relación perceptiva, sensible, con el mundo.

Quizá una de las grandes intuiciones iniciales de Shklovski, que le permitieron ir desplegando su continuado estudio de la literatura rusa clásica y moderna a lo largo de una longeva vida, atañe a esto: «Justamente para devolver la sensación de la vida, para sentir las cosas, para hacer de la piedra piedra, existe eso que se llama arte. El objetivo del arte es dar la sensación de las cosas como visión, no como reconocimiento». No habla, pues, desde el arte, sino desde una experiencia empobrecida de la realidad, una forma de existir que se automatiza en la rutina cotidiana, que impide percibir realmente lo que hay alrededor, lo que ocurre ahí, lo que nos condiciona, enmarca, conforma. Las cosas y los hechos se reconocen, no se perciben verdaderamente, sino que de manera mecánica ponemos ante nosotros lo que ya sabemos que está, sin verlo ni oírlo. El arte, piensa Shklovski, puede recuperar la vida, la realidad de la vida; aun más, esa sería su tarea: hacer de la piedra piedra. Remover las brasas, dice en otro lugar, para que la llama ensordecida reaparezca.

«La obra artística —continúa— se crea de manera deliberada con vistas a transgredir el automatismo de la percepción. La visión del objeto es el objetivo fundamental y el artificio tiene la función de prolongar y dificultar lo más posible el acto de percepción»: interviene, así, el trabajo del arte, el trabajo de la escritura. Si de algún modo se demora o se obstruye la percepción, si se alarga o interrumpe, podría romperse el hábito, producirse un *extrañamiento* que devuelva la sensación, que nos devuelva el mundo. El concepto más conocido de Shklovski, y seguramente del llamado *formalismo,* es este de extrañamiento: alguna clase de procedimiento formal, de operación en las palabras, que actúa directamente en nuestra relación con el mundo, que limpia su presencia ante nosotros. Y, aunque son los críticos de la poesía moderna quienes más han manejado este término, su creador lo concibió leyendo a Tolstoi —el autor al que más se dedicó a través de los años—, tomando nota de sus recursos para dar vida a las situaciones y los personajes.

10

Las reflexiones de Carlos de Oliveira o los análisis de Shklovski parecen observar la escritura a partir de la acción del autor. Conviene entonces retomar la distinción entre quien lee y quien escribe para seguir los itinerarios paralelos que trazan, la posibilidad de ir indistintamente adoptando el punto de vista de uno o del otro. Como cuando Barthes, con su ya mencionada contundencia, dice sobre la lectura: «plantearía la cuestión ética de la siguiente manera: hay lecturas *muertas* (sujetas a los estereotipos, a las repeticiones mentales, a las consignas), y hay lecturas *vivas* (que producen un texto interior, semejante a una escritura verbal del lector)». En la lectura pasiva, el lector puede entretenerse quizá, pero nada se mueve ni cambia en él después de terminar de leer; en la lectura activa, se da una apropiación que supone una experiencia personal y genera sentido suplementario. En la lectura viva el texto está vivo, cada vez vuelve a ser puesto en movimiento, en cuestión.

Pero este retrato de la lectura no habla solo de ella, y las palabras de Barthes encuentran eco en uno de los ensayos más característicos de su primera época, «'Écrivains' et 'écrivants'», donde se juega con la práctica homofonía de las dos palabras en francés, para decir algo así como 'escritor' y 'escribiente': el primer término es un sustantivo, el nombre común de quien produce escritura; el segundo, en su origen, es el participio presente del verbo escribir, simplemente «el que escribe», la descripción de un acto al margen de su objeto o resultado. El *escribiente* no compone un espacio propio de sentido, abierto a la lectura viva, sino que, por ejemplo, reúne una serie de códigos e informaciones con alguna finalidad utilitaria, la escritura de un documento notarial o de un prospecto, de una noticia de agencia —¿también la de una novela *de género* que debe ir combinando los requisitos que configuran el marco de ese género? No resulta fácil establecer este límite, e incluso cuesta asumir que exista de manera indiscutible; las sentencias judiciales, por ejemplo, llevan en ocasiones cargas y ambigüedades de sentido, lecturas intencionales en estado de latencia, valoraciones de doble o triple efecto, que difícilmente se adjudicarían a la labor reproductora de un *escribiente;* lo mismo se puede decir de algunas novelas policiacas o de ciencia-ficción o históricas que, cumpliendo escrupulosamente con los requisitos del género, son extraordinarias novelas. Más bien, con esta dicotomía se trataría de mostrar tendencias, despliegue de fuerzas, posturas que han de ser adoptadas o rechazadas, direcciones de lectura-escritura.

Una página antes de introducir la distinción entre lectura viva y lectura muerta, Barthes había ensayado otra, enigmática y a la vez precisa, definición de la lectura: «La lectura es lo que no se detiene». ¿En qué sentido «no se detiene»?, ¿podría decirse esto de la escritura?, ¿no es la escritura, al contrario, algo que se fija, que queda sobre el papel en tinta impresa? Es una pregunta que los escritores se han hecho en muchas épocas, en muchos contextos, y que resuena en el núcleo de cada concepción poética. Es la que se hacía Antonio Machado en unos conocidos versos:

> Dime tú: ¿Cuál es mejor?
> Conciencia de visionario
> que mira en el hondo acuario
> peces vivos,
> fugitivos,
> que no se pueden pescar,
> o esa maldita faena
> de ir arrojando a la arena,
> muertos, los peces del mar.

Y Machado parecía responderse a sí mismo, hablando por la boca de Juan de Mairena: «El poeta es un pescador, no de peces, sino de pescados vivos; entendámonos: de peces que puedan vivir después de pescados» —y, usando hábilmente ese doble término, propio del castellano que, a diferencia de otras lenguas, distingue entre peces y pescados, simula resolver el problema manteniendo realmente la aporía, agarrándose a una imposibilidad. La pregunta solo puede darse como pregunta, sin respuesta: ¿queda vida en algo que se fija?, ¿puede haber entonces belleza?, ¿qué es fijarse?, ¿estar fijo?

Estas frases de Octavio Paz en *Los hijos del limo*, su ensayo acerca de la constitución de la poesía moderna, tienen que ver también con las mismas preguntas, quieren precisar su contenido, su condición histórica:

> Baudelaire no nos da una definición de esa inasible modernidad y se contenta con decirnos que es «l'élément particulier de chaque beauté» [el elemento particular de cada belleza]. Gracias a la modernidad, la belleza no es una sino plural. La modernidad es aquello que distingue a las obras de

hoy de las de ayer, aquello que las hace distintas y únicas. Por eso «le beau est toujours bizarre» [lo bello es siempre raro]. La modernidad es ese elemento que, al particularizarla, vivifica la belleza. Pero esa vivificación es una condena a la pena capital. Si la modernidad es lo transitorio, lo particular, lo único y lo extraño, es la marca de la muerte.

Entiende, pues, Paz que la modernidad ha modificado radicalmente la concepción de la belleza, al basarla en lo particular, de manera que hay una belleza para cada artista, para cada obra, para cada caso; la belleza es ahora lo raro, lo distinto, y resulta una aportación única, irrepetible, cada vez que se manifiesta. No hay en esta cita un análisis de cómo era la anterior concepción de la belleza, la clásica, pero se deduce que era universal, que cada obra aspiraba a ser la realización de un ideal común. La contraposición latente explica el fuerte oxímoron: «esa vivificación es una condena a la pena capital». Porque con la belleza universal acabaría también su eternidad; no hay verdad eterna ni belleza eterna donde rige la vida, donde esta se mantiene en lo particular y único de cada obra. El propio Baudelaire, aun formulándolo en negativo, venía a reconocerlo: «para que toda *modernidad* sea digna de hacerse antigüedad, es preciso que la belleza misteriosa que la vida humana pone en ella involuntariamente le haya sido extraída».

No es el momento de valorar la posición de Paz, aparentemente escindida, sino de retener lo que en su análisis ayuda a tomar la escritura, también, como *lo que no se detiene*. No solo porque, en un momento posterior, la lectura opere sobre ella, vivificándola, sino porque el escritor ha tratado de incorporar desde su origen elementos resistentes a la fijeza.

En las últimas décadas se ha ido resaltando cada vez más el carácter de la escritura como producción, como algo no cerrado, que se está haciendo, y algunos autores incluyen el propio proceso seguido para componer la obra dentro de esta, a partir de precedentes clave como el de Francis Ponge, y en coincidencia con lo que ya ocurría en las artes plásticas. O, también, y esto cuenta con más tradición, otros autores persisten en seguir reescribiendo sus textos mucho después de estar publicados, y en sucesivas intervenciones que pueden llegar a rehacerlos por completo, de modo que el poema, visto desde fuera como una serie sucesiva de versiones diferentes, diluya su forma propia, generando un espacio de escritura siempre abierto, atravesado por un texto peculiarmente definido e informe a la vez. Pero, más allá de experiencias poéticas concretas, la falta de fijeza sería un rasgo de cualquier escritura viva.

En ello parecen confluir unos versos de Eduardo Milán: «Escribo quiere decir *vine aquí,* / ¿qué otra cosa puede querer de mí el futuro?». Tener como objetivo el camino, no dar importancia a cumplirlo en una forma cerrada, escribir como una manera de *estar aquí.* Si escribir se confunde con la existencia, con la realidad de la existencia, el objetivo no tiene importancia, va contenido en la acción.

Esto conduce a *las imposibilidades* —así podrían llamarse— que mueven al escritor: escribir un libro que busca un libro, confundir la escritura con la existencia, que las abstractas palabras alcancen a las cosas, que un idioma se haga extranjero a sí mismo, o —con Celan— que un idioma pueda dar cuenta de crímenes que ha cometido, y aun castigarse a sí mismo. Y, poeta a poeta, escritor a escritor, registrar esta lista que no acaba: decir el silencio, dar a la caza alcance, o, con Jaime Saenz: «Y yo digo que uno debería procurar estar muerto. / Cueste lo que cueste, antes que morir.» Son estas imposibilidades las que empujan a escribir, y escribir se hace posible por la energía utópica que genera el deseo de realizarlas. Este movimiento desborda cualquier forma cerrada y fija.

Escribe Tess Gallagher:

Regreso: los esposos, los hijos, los padres regresan.
Muchos con ambos brazos, con sueños
rotos en ambos ojos.
Lo intentan, lo intentan
pero no pueden decirnos
lo que con ellos regresa

y entiende el lector que eso ha de ser lo que está leyendo, un intento de decir lo que no puede decirse y, en su negación, lo siente, lo encuentra en sí. En otro poema evoca la poeta a un abuelo que fue un jefe cherokee, tenía cientos de caballos y siempre quería más; la voz que habla en el poema lo imagina entre todos ellos a la luz de la luna: «le devolvían su animalidad con / un destello como música silenciosa, hasta que / descubría algo que no podría ser repetido / aunque lo pusiera por escrito». El destello que lleva a escribir no puede recogerlo la escritura; lo que se descubre en un momento agudo de vida no puede repetirse. Pero precisamente por eso se escribe; la escritura, pese a saberlo imposible, trabaja para hacer que se perciba, se experimente en su carencia, y el lector quizá reconoce, por un momento al menos, este poder inexplicable.

El escritor no lo sabe, en cambio; está muy lejos de esa certeza. Aunque sí conoce por experiencia la capacidad de pensar y de sentir que tiene la propia escritura, como si obrara por su cuenta. Porque a veces se pone a escribir algo que no tiene marcado su camino: apenas parte de una idea general, un impulso o intuición, o ha preparado un esquema, pero no sabe cómo ni a dónde va a ir. Y, mientras escribe, escucha a la escritura pensando, ofreciéndole vías, mostrando cómo enlazar los puntos antes sueltos, como si el texto se armara solo, como si se hubiera hecho cargo de lo que el escritor sabe suyo, pero ignoraba haber puesto ahí, en esa forma, con esa decisión desconocida, *que no se detiene.*

II

No es fácil para la escritura adoptar esta vía —resistencia a la fijeza, adopción de una imposibilidad como proyecto—, y de ello pueden dar idea dos frases de Shklovski, aunque no sean propiamente suyas, sino una cita indirecta y una especie de resumen de las condiciones de lo que él llama el «arte nuevo» —y que, en su caso, por razones biográficas, se asociaría al vanguardismo futurista. Se hace eco, en la primera de ellas, de cómo «Maiakovski decía que era el momento de sustituir las palabras-camello, las palabras con joroba, por otras libres, que expresaran un ritmo nuevo». En la segunda, describe la tarea del poeta y sus problemas: «El arte nuevo busca la palabra nueva, una nueva expresión. El poeta sufre, en el intento de destruir las barreras entre palabra y realidad. En sus labios siente ya la nueva palabra, pero la tradición propone siempre el concepto viejo». En pocas líneas, usa cuatro veces el adjetivo *nuevo* —ahora desgastado, sin casi peso, al que, en forma negativa, trata de dar sentido.

La *novedad* no surgiría de por sí, sino en oposición a fuerzas que se le enfrentan, cuya razón de ser es bloquear que surja. «Palabras-camello, palabras con joroba»: muy cargadas ya, atestadas de significados, incontrolables al deslizarse por inercia en direcciones ya dadas, de modo que el escritor no puede conformarlas a su intención, hacerlas suyas, pues su voz apenas llega a escucharse entre todas las demás voces concertadas, arrastradas por la vieja palabra, incorporadas a ella. No se encuentra, como el mito idealiza, con la tersa página en blanco, armado solo de su talento e inspiración; al contrario, vive en un mundo que está saturado de lenguaje, donde todo lo que lo rodea es ya lenguaje y todas las palabras han sido ya dichas antes, modeladas por el sistema de la lengua y las tradiciones literarias. Y lo *ya dicho* «propone siempre el concepto viejo», se adhiere a cualquier voluntad renovadora asfixiándola, reconduciéndola al campo de lo ya aceptable (aceptable como idea, como valor, como belleza), secándola con su inmovilidad.

El escritor solo tiene eso mismo, palabras ya dichas, las voces de su lengua, y —según lo apuntado por Shklovski— ha de despojarlas de su carga muerta, devolverles la libertad perdida, redirigirlas a la realidad. En esa medida —esta era la otra gran intuición del *formalismo*, junto al extrañamiento—, la «nueva palabra» conllevaría la capacidad de introducir un «concepto nuevo», cambiar las ideas, los valores, la vida, proponer una escritura otra, una belleza otra. Para apreciar esto en toda su dimensión, habría que recurrir otra vez a la imposibilidad como motor y destino de la escritura. Porque nada de esto parece en principio posible —decía Wittgenstein que los juegos de lenguaje y las formas de vida están soldados indisolublemente—, y sin embargo, los escritores que, cuando leemos, nos hacen sentir la intensidad singular de la belleza, parecen haberlo conseguido —haberse acercado a ello.

Fue quizá Nietzsche el primero en formular claramente el conflicto ahí latente, el que se establece entre la cultura —los conceptos y criterios heredados, lo codificado socialmente— y el arte —el gesto que rasgaría ese tejido. Y, en verdad, todo cuenta a la hora de intentar que se rasgue o agriete la imposibilidad. Si los códigos, las reglas, los tópicos son, sin duda, los depositarios por excelencia de la fijeza de lo aceptable, de valores universales que en su hábito irían desactivándose, degradándose, cayendo en el fondo común de las palabras vanas o, peor, de los prejuicios, de la pedantería y la autopromoción, de las prohibiciones, las convenciones, el pensamiento impuesto; si los códigos, las reglas, los tópicos son instrumento privilegiado de todo esto, incluso ellos, sin embargo, pueden invertirse, desprenderse de su carga, ponerse a vibrar con libertad inesperada. No se trata, pues, estrictamente de lo nuevo o lo original, sino del poder de hacer por un momento el silencio para que cualquiera de las viejas palabras alcance de pronto a oírse con una desnudez liberada, singularizada, inconfundible. Piénsese en cómo las *Soledades* de Góngora están construidas de códigos, reglas y tópicos, como pedía la preceptiva clásica, y aún sentimos sus versos vibrando cuando volvemos a ellos, de una manera perfectamente única, que sabemos que es solo suya. O cómo los escritores *oulipianos* encontraron en la práctica de la constricción autodefinida, en hacerse obedientes a una regla hasta el extremo, una vía para desarticular el código ideológico y estético de la tradición, la dictadura de una ortodoxia de la lengua francesa, que había conseguido incluso integrar, a través de la fijeza y la autosatisfacción, muchos de los proyectos vanguardistas.

Es un caso similar al de algunos libros de José-Miguel Ullán, que pueden vincularse con lo que Duchamp llamaba «azar en conserva»: la confección de mecanismos que toman su impulso del azar, se desarrollan con un trabajo estructural detallado, férreo, y, mediante ese método inverso, consiguen que el vuelo libre salga potenciado en brazos del sentido. Un ejemplo es el de las *cajas* de prosa que aparecen en *Maniluvios* o en *De un caminante enfermo que se enamoró donde fue hospedado.* La caja tipográfica de la página delimita el texto, evitándose que intervengan los procedimientos correctores del ajuste de espacios; de ese modo, en el renglón cabe lo que cabe en el renglón, la palabra se corta en cualquier lugar, en medio de una sílaba incluso; la arbitrariedad del sistema se combina con el rigor de la norma adoptada y el texto asume una organización que, en realidad, lo desarticula; el tramado del discurso a través del efecto de continuidad potencia ese intenso choque de lo libre y lo forzado, lo arbitrario y lo riguroso. Incluso en ciertos casos de *Maniluvios* se emplea la rima, pero no entre los periodos rítmicos (que persisten dentro de la prosa), sino entre los casuales renglones de la caja, hasta cuando se trata de palabras partidas: «todo es azar el papel / y la herida que lo habi / ta mas necesita eso sí / un raro candil —la sed». Este desajuste ya no solo supone un trabajo de destrucción de la forma, de liberación en medio de la impostada rigidez de la forma, sino que es un factor irónico, de poder erosivo general. Escribe Ullán: «Golpea con azar deliberado y con libre intención. Golpea para que el dado incluya un laberinto».

Como se ve, la tradicional diferencia entre forma y fondo es irreal y engañosa: no hay dos componentes que se combinan, pues los aspectos lingüísticos

y los de contenido son, por definición, absoluta-
mente inseparables; no es ya que influyan unos en
otros, o que se interrelacionen, sino que no pueden distinguirse ni, menos aun, existir separados.
Como decía Barthes de Flaubert, tan ajeno en apariencia a lo que enseguida se llamó *vanguardia*:
«a sus ojos, escribir y pensar son una sola cosa, la
escritura es un ser total». Un escritor se constituye
como tal en la apertura de un espacio de singularidad, en el encuentro de su voz, que no es solo
forma, sino mundo, cuerpo único de escritura.

Confieso que, para esta labor del escritor,
trato de evitar siempre el término *creación;* pre-
fiero hablar de *apertura, encuentro,* o de *trabajo.*
No solo porque no existe la página en blanco, la
creación de la nada —como tampoco se dio en el
universo—, sino porque esta labor puede realizarse
igualmente de manera negativa, desde la destrucción, la deformación, la desarticulación… Cuenta
Shklovski: «Las imágenes de Maiakovski —me lo
decía Klebnikov, alabándolo— son contrahechas,
no pueden adaptarse bien, hacen ruido, invierten
el sentido. Son contradictorias, en sus versos hay
polos de temperatura variable». Es curioso, porque

ese trabajo destructivo, de desescribir, se encuentra mucho más que en Maiakovski en el propio Klebnikov, o en Kruchenij; pero, en todo caso, recuerda que el *escribir bien* no produce la escritura más fértil e intensa, mientras lo *contrahecho* puede darle lugar. El habla siempre misteriosa de Lezama Lima parece señalar la misma dirección, en estas líneas que Eduardo Milán puso como epígrafe a su libro *La vida mantis*: «El desacierto en poesía puede contribuir a la integración del sentido de poesía. Sin embargo, el acierto es mucho más peligroso, está siempre atraído por la suma de los aciertos homogéneos».

12

Decir *escritura viva* no tiene demasiado que ver con que la escritura sea la vida del escritor, o inseparable de ella. No deseo quitarle valor al mito romántico que antepone la vida a la escritura, y que sin duda puede dar lugar a momentos altos de la literatura (entre los más recientes, el conflicto mantenido por Vicente Núñez con la poesía, a quien siempre apostrofa como «la ramera»). Pero no se trata aquí de eso, sino de una escritura viva, que tenga vida propia ella y la lleve hasta el lector, al margen de dónde venga. En este sentido, la pregunta decisiva sería: qué le permite a la escritura nacer de un germen de libertad que forme parte de su misma manera de ser, de su naturaleza y materia.

Esta es quizá la cuestión más importante, si alguna lo es en especial: el espacio de posibilidad que la lengua ofrece. Para hablar de ello, me resulta inspiradora en extremo la obra de Émile Benveniste, por las vías para pensar la escritura que dejó abiertas: «Todo hombre inventa su lengua y la inventa toda la vida. Y todos los hombres inventan su propia lengua en el instante y cada quien de manera distinta, y cada vez de modo nuevo. Dar a alguien los buenos días cada día de la vida, es una reinvención cada vez». Son palabras con escasa carga teórica en apariencia, pero sugieren con sencillez el carácter de la propuesta de Benveniste, tal como la valoraba Iréne Fenoglio:

¿Cómo atreverse, en el papel de lingüista, a proponer como dato… lo que es imposible de prever, ya sea lo que va a salir de la boca de un locutor o de la mano de quien escribe gracias a una lengua estructurada, prevista, previsible y conocida por toda una comunidad? Émile Benveniste se atrevió y —precisó— es ese lenguaje, sometido a la vez a la constricción de la lengua y a la libertad de todo sujeto, el que «sirve para vivir».

Para Benveniste, la verdad siempre es concreta. Y, así, en vez de fijar un modelo teórico, fue la observación minuciosa y descondicionada de los hechos lingüísticos —teniendo siempre en cuenta muchas lenguas distintas— lo que propuso, y su reflexión se fue derivando de ella.

Reconozco mi simpatía por la forma dispersa en que expone ese trabajo, ajustándose cada vez a la perspectiva o la ocasión que le hace escribir, preocupado por entender al máximo los materiales que tiene sobre la mesa. A algunos lingüistas esto no acaba de convencerles, parecen más inclinados a resaltar sus carencias, a lamentar su inestable terminología, todo lo que implícitamente anunciaba y no llegó a desarrollar, siendo quizá la afasia repentina, causada durante sus últimos años por un ataque cerebral, la forma de poner un cierre simbólico a su obra abierta. Es cierto que el método disperso de Benveniste hace que a menudo no coincida consigo mismo, que no se acoplen por completo entre sí sus conceptos, que no se recubran de ocasión en ocasión, aunque tampoco se contradiga, solo vaya variando su acercamiento. Así, al compás con que su pensamiento se expresa con impresionante claridad, se van multiplicando las zonas oscuras, las líneas de fuga, las posibles vías abandonadas… y, en la misma medida, la posibilidad de seguir leyendo los dos volúmenes de sus *Problemas de lingüística general* —ese título que también rehúye crear sistema— y trabajar a partir de ahí con la máxima libertad.

Si el nombre de Benveniste ha quedado vinculado al concepto lingüístico de *enunciación* —el acto de poner en práctica la lengua, de apropiarse de ella, en el que consiste de hecho su realidad— y al análisis básico de los elementos que componen su «aparato formal», convendría recordar otra de sus propuestas que quizá ha quedado en segundo plano —o se ha ido deformando en las interpretaciones que ha recibido—: la consideración de que la lengua comprende «dos mundos distintos y que requieren descripciones distintas». Por un lado, está lo que describió a fondo el estructuralismo en la estela de Saussure: un sistema de signos, que traza su malla con un procedimiento de oposiciones binarias, de diferencias, y que se basta a sí mismo, cerrado a cualquier realidad o fuerza exterior a él; es un sistema semiótico, y su carácter básico y modo de funcionamiento parecen bien conocidos. Por otro lado, «está el dominio de la lengua en uso y en acción».

Vemos esta vez en la lengua —dice Benveniste— su función de mediadora entre el hombre y el hombre, entre el hombre y el mundo, entre la mente y las cosas, transmitiendo la información, comunicando la experiencia, imponiendo la adhesión, suscitando la respuesta, implorando, constriñendo —en una palabra, organizando toda la vida de los hombres.

Esta es la dimensión semántica de la lengua, aquella en la que el sentido es la condición elemental y, seguramente también, su finalidad. Y es, en definitiva, la actividad lingüística que constituye nuestro mundo cotidiano, la que conocemos y ejercemos como hablantes.

Este segundo sistema establece cada vez un *aquí-ahora*, proporcionando con él las coordenadas del tiempo y el espacio, e introduce el *referente*, que es «el objeto particular al que la palabra corresponde en lo concreto de la circunstancia o del uso». Se trata, pues, de la lengua en acción, de los actos de habla, y la escritura se inscribe ahí, es uno de esos actos. Es verdad que Benveniste insistió en que él no proponía la misma oposición que Saussure había establecido entre lengua y habla, es decir, entre el sistema y su aplicación, renunciando, sin embargo, de hecho, al estudio del segundo término; no se trataría de eso, porque no es una simple aplicación lo que observa y analiza Benveniste, sino otro sistema, con sus propios componentes y características, que se añaden y superponen a los signos del primer sistema, a sus relaciones de sentido y sus reglas formales. Sin embargo, parece menos confuso desechar el término *semántico* para denominar este segundo sistema, porque es una noción ya muy difundida sin esta especialización, y puede resultar útil, en cambio, recurrir a designaciones que indiquen acción o al propio término *habla,* por su sencillez y su vinculación al hecho de usar la palabra, *hablar,* y porque el estructuralismo, aunque lo acuñó, apenas le dio contenido. Por otro lado, en la tradición de los lógicos y filósofos norteamericanos del lenguaje, se ha hecho ya común la fórmula de Austin, retomada por John Searle, *actos de habla* [speech acts], que aúna en sí el actuar y el usar la lengua, y puede utilizarse de forma genérica, no especializada ni referida a esa escuela, por lo expresivo de su literalidad.

Lengua en acción, como digo, no es solo la oral, sino igualmente la lengua escrita. «Los actos de habla —según Searle— se realizan característicamente al emitir sonidos o al hacer trazos». Y también Benveniste había dicho: «La escritura no es otra cosa que una forma del habla» (parecería que aquí hace uso del término *habla* como estoy sugiriendo, sinónimo de los varios que usó para su *segundo sistema: discurso, frase, semántica…*). De este modo, la escritura es un acto lingüístico y, como tal, habría de ser considerado en todos los aspectos. Es obvio, pero su obviedad tiende a olvidarse.

Esto no impide que escribir sea un acto lingüístico distinto de otros, como lo son la propia habla oral o lo que podría llamarse *palabra interior*. La escritura supone un acto de habla realizado con fuerte conciencia de sí y con medios específicos; pero el que comparta con las otras formas de discurso los rasgos de la lengua puesta en acción permite afirmar que la potencia creativa y de libertad que caracteriza al habla es constitutiva suya, y rechazar que le integren de modo necesario codificaciones retóricas, métricas, la observación de algún tipo de preceptiva o de expectativa de género, etc. Se diría que entenderla como un acto de habla desacraliza por completo la escritura, rompe con el marco que pretende aislarla del conjunto de los actos de habla y permite pensar su necesaria relación con la realidad.

Escribir es, pues, un *acto de habla*, una puesta en acción de la lengua, una enunciación singular con todos sus rasgos —y conviene recordar las posibilidades y circunstancias inscritas en esa lengua activa, para valorarlas y admirarlas, y también para explotarlas. Secundario sería ahora preguntarse por las diferencias entre hablar y escribir, en cómo afectan, por ejemplo, la temporalidad, la lentitud de la escritura, su carácter no espontáneo, el distanciamiento o inexistencia de una interlocución, la composición en estratos y mediante un trabajo. E, igualmente, ver cómo las coincidencias entre lo oral y lo escrito no se limitan a los coloquialismos léxicos y sintácticos, sino que son mucho más amplias, dada su pertenencia a un común espacio lingüístico.

En un texto que ha sido emblemático para muchos, entre los que me cuento, el «Prefacio» de sus *Ensayos críticos,* publicado en 1964, Roland Barthes acudía a un ejemplo muy sencillo —el acto de dar el pésame a alguien que acaba de perder a una persona próxima— para explicar cómo la eficacia expresiva e incluso informativa de un mensaje depende de la capacidad de variarlo para no repetir el lugar común, la fórmula establecida. Este planteamiento mostraba el sentido de la escritura, su necesaria raíz en algún tipo de singularidad, y lo hacía, además, con una fuerte potencia de análisis: sobre la tradicional relación entre contenido y forma, mostrando que el único procedimiento para expresar con precisión el contenido es prestar atención especial a la forma; y sobre el condicionamiento de un doble contexto, pues junto a la situación de habla, interviene de modo decisivo el lenguaje acumulado y su codificación. Pero todo esto, que es decisivo para la escritura, lo explica Barthes con un ejemplo que se ajusta tanto al lenguaje ordinario como al poético, al lenguaje hablado como al escrito, señalando de paso la continuidad que hay entre ellos, su múltiple comunidad de rasgos.

Hay un episodio histórico que, apoyándose en esta continuidad entre los dos tipos de actos de habla, pone de relieve los puntos de fuga que puede proporcionar en determinadas situaciones. En la permanente preocupación de Kublai Khan, el khan-emperador, por intervenir en cuestiones lingüísticas —aparte del citado proyecto de dotar de una nueva escritura a la lengua mongola—, su gobierno decretó que, para los documentos escritos en chino, sería obligatorio el uso del chino hablado (el *baihua*, 白话, habla blanca, literalmente) en lugar de la lengua clásica, usada según tradición milenaria, porque —en la conciencia de lo que implica una lengua— adoptar el chino clásico, con todo su bagaje, habría supuesto asumir el sometimiento cultural de los mongoles. El que este doble movimiento —escritura mongol e imposición del *baihua*— fracasara vino a mostrar, no ya la capacidad de resistencia muda de los chinos o la excesiva ambición del empeño, sino sobre todo la versatilidad y autonomía del devenir de las lenguas.

A la vez, el teatro de la época Yuan, escrito en *baihua*, quedó como uno de los momentos más vivos en la larga historia de la literatura china. Y contó entre los principales precedentes del Movimiento del 4 de mayo de 1919, sublevación política y literaria a la vez, en que los estudiantes e intelectuales chinos impulsaron la defensa consecuente y simultánea de la república recién instituida y una revolución literaria, abriendo el santuario de la poesía (eso era lo que representaba en la tradición china, donde la poesía oficiaba como núcleo de sabiduría y cultura, y también como requisito de clase, puerta para acceder a la élite imperial) al *baihua* —este lema, escribir en *baihua*, se hizo presente en todos los manifiestos— e iniciando con ello el camino de la poesía y la literatura china moderna. Sin que sea una regla general, en el punto en que los códigos culturales se hacen opresivos y agobiantes, el juego de la lengua hablada dentro de la lengua escrita puede establecer la diferencia, abrir la rasgadura.

Aunque ahora resulte imposible —inapropiado también— detenerse en ello, resulta muy peculiar el modo en que cierta teoría —y crítica— literaria moderna ha impuesto a muchos de sus análisis un modelo que recuerda al del sistema de la *lengua*: un sistema cerrado, autorreferente, sin relación con el mundo, incluso con cierto desprecio del sentido. Así, describía Jakobson que: «Según la dicotomía saussuriana, la poesía forma parte del habla, y no de la lengua. Pero, al mismo tiempo, esa habla está codificada; por lo tanto, vuelve a convertirse en lengua». Este ir y venir, que parte de un principio necesario y termina en aporía teórica —habla codificada—, es muy significativo de la extraña rigidez y ceguera a que conduce la deriva sin vínculos de la teoría, como ocurre, por poner un ejemplo, en quien desea primar una atención al significante, en detrimento del significado, sin atender a que es la inseparabilidad de ambos la que, en Saussure, les da existencia y permite su uso.

Serán, pues, constantes los regresos a la idea de *habla codificada*. Según Genette, la retórica apenas se preocupa de la originalidad o de la novedad de las figuras, «que son cualidades de la palabra individual y que, por este motivo, no le conciernen»; lo que importaría en esta concepción son las formas codificadas cuyo sistema haría de la literatura una segunda lengua. Creo que esta fórmula —hacer de la literatura una segunda *lengua*— expresa con exactitud la orientación del análisis, y a la inversa da quizá la medida de por qué reconocer la escritura como acto de habla ayudaría a apreciar la belleza de la escritura. El catálogo de las figuras literarias, las convenciones que rigen los géneros, la sujeción a lo prescrito como *correcto*, la métrica, la tópica son formas de codificación intermedia que reducen el margen de libertad de quien escribe o lee, que tratan de fijar lo que debería permanecer vivo. Son formas, podría decirse, de defensa contra el *exceso* de singularidad a que se abre el habla, formas de nostalgia de la seguridad que ofrecen los sistemas, los códigos.

Volviendo a Benveniste, hay un ensayo de los *Problemas de lingüística general* —desgraciadamente no incluido en la magnífica edición mexicana— que podría mostrar muy bien este juego entre codificación y libertad: «La notion de 'rythme' dans son expression linguistique» [La noción de ritmo en su expresión lingüística]. Es un tipo de trabajo propio de su actividad de indoeuropeísta, a la que siguió dedicándose hasta el final de su vida y que produjo obras monumentales, como el *Vocabulario de las instituciones indoeuropeas*; en él, a partir de una investigación etimológica —generalmente comparatista—, muy concreta, de una raíz o una palabra, somete a crítica la opinión establecida y, modificando su base lingüística, modifica también el sentido ideológico, cultural. En el caso del ritmo, después de criticar la asociación usual de su raíz griega, ῥεῖν [rein] con el movimiento de las olas del mar, se remonta a los orígenes presocráticos para mostrar el primer sentido de la palabra y las transformaciones a las que fue sometida después. Por su interés —para el caso concreto y, sobre todo, para el conflicto entre codificación y libertad—, traduzco una amplia cita suya; después de sentar que el sentido de *rein* es *fluir,* por lo que es imposible que ῥυθμός [rythmós] nombre, como digo, el vaivén de las olas, que es reiterativo y no fluyente, y demostrarlo con ejemplos de los usos griegos primitivos, concluye que *rythmós*

designa la forma en el instante en que es asumida por lo que se mueve, lo que es móvil, fluido, la forma de lo que no tiene consistencia orgánica; conviene al *pattern* de un elemento fluido, a una letra arbitrariamente modelada, a un peplo que se arregla a su aire, a la disposición particular del carácter o del humor. Es la forma improvisada, momentánea, modificable. Así, *rein* es el predicado esencial de la naturaleza y de las cosas en la filosofía jonia desde Heráclito, y Demócrito pensaba que, siendo todo producido por los átomos, solo su disposición diferente produce la diferencia de las formas y los objetos. Se puede entonces comprender que *rythmós,* al significar literalmente «manera particular de fluir», haya sido el término más apropiado para describir «disposiciones» y «configuraciones» sin fijeza ni necesidad natural y que resultan de una operación siempre sujeta a cambio. La elección de un derivado de *rein* para expresar esta modalidad específica de la «forma» de las cosas es característica de la filosofía que la inspira; es una representación del universo donde las configuraciones particulares de lo que se mueve se definen como «fluencia». Hay un vínculo profundo entre el sentido del término *rythmós* y la doctrina en la que él descubre una de las nociones más originales.

Será Platón el que se separa del uso entonces vigente de la palabra y empieza a dar a *ritmo* el sentido que se impuso después. Platón «innova aplicando *rythmós* a la *forma de movimiento* que el cuerpo humano realiza en la danza, y a la disposición de las figuras en las que este movimiento se resuelve. La circunstancia decisiva está ahí, en la noción de un *rythmós* corporal asociado al μέτρον [metron] y sometido a la ley de los números: esta 'forma' estará determinada por una 'medida' y sujeta a un orden».

Hay mucho más en este ensayo de apariencia puntual, pero lo dejo aquí. Solo quería llegar al contraste entre, por una parte, la codificación y la medida, como evolución finalmente impuesta, y, por otra, la idea del ritmo como disposición de lo móvil, «manera particular de fluir», para ponerlo en el contexto de la escritura viva, y además de una recuperación del valor del ritmo como disposición de lo móvil, manera particular de fluir la palabra en cada texto.

13

«¿Cómo es producida la lengua? —son palabras de Benveniste próximas a las primeras suyas que cité—. No se reproduce nada. […] Cuanta vez la palabra despliega el acontecimiento, vuelve a comenzar el mundo» —y el acontecimiento no es un contenido que se refiere, sino el hecho mismo de hablar. Merleau-Ponty se suma a esta idea cuando dice: «Cada acto parcial de expresión, como acto común del todo de la lengua, no se limita a gastar un poder expresivo acumulado en ella, sino que lo recrea y la recrea, haciéndonos comprobar, en la evidencia del sentido dado y recibido, el poder que tienen los sujetos hablantes de sobrepasar los signos hacia el sentido». Cuesta concebirlo tal vez, pero no se trata de algo extraordinario, sino de lo común en el uso de los hablantes.

En la escritura este fenómeno compartido se radicaliza: los futuristas proclamaron la *escritura en libertad,* pero para que esta se dé no son necesarias grandes rupturas o transgresiones, sino simplemente que cada vez se mantenga viva. Son los recursos más sencillos de la lengua los que, en el acto de habla, se proyectan: «La utilización de las formas personales de la lengua —escribe Gerard Dessons— pone en juego, cada vez el proceso infinito de individuación». Se trataría de una operación que se repite en ámbitos fundamentales de la existencia humana: un modelo o sistema básico, una condición de funcionamiento que adquiere su realidad en actos concretos. Por recoger el mismo término, es lo que sugiere el influyente trabajo de Simondon en torno a la individuación: «En una palabra, ¿qué es un individuo? A esa pregunta responderemos que, con todo rigor, no se puede hablar de individuos, sino de individuación.

[…] El individuo no es un ser, sino un acto, y el ser es individuo como agente de ese acto de individuación a través del cual se manifiesta y existe». ¿Es la escritura un acto similar?, ¿no es eso mismo lo que hace al personalizarse?

Significativamente, Paul Celan —en el texto inagotable que es *El Meridiano*— también encuentra un nexo entre los mismos términos:

> El poema se afirma al límite de sí mismo; para poder mantenerse, el poema se reclama y se recupera ininterrumpidamente desde su ya-no a su todavía.
> Ese «todavía» no puede ser sin embargo más que un hablar. Es decir, ni simplemente lenguaje ni tampoco «correspondencia» a partir de la palabra.
> Sino lenguaje actualizado, liberado bajo el signo de una individuación sin duda radical, pero al mismo tiempo también recuerda siempre los límites que le marca el lenguaje, las posibilidades que le abre el lenguaje.

Y este propósito, este objetivo, se condensa en una de las frases más citadas del discurso de Celan: «¿Y qué serían entonces las imágenes? / Lo que se ha percibido y lo que se ha de percibir solo una vez y solo ahora y solo aquí».

Que cada texto sea producido por un acto de habla, con su aquí-ahora innegociable, constitutivo, con su conciencia de la apropiación personal que se opera al enunciar, sitúa a la escritura en el mundo, le permite cada vez estar viva. Así, lo hace suyo Merleau-Ponty, entregado a la admiración que se le debe a la lengua en acto:

> Igual que la operación del cuerpo, la de las palabras o la de las pinturas permanece oscura para mí: las palabras, los rasgos, los colores que me expresan, salen de mí como mis gestos, me son arrancados por lo que quiero decir como mis gestos por lo que quiero hacer. En este sentido, hay en toda expresión una espontaneidad que no acepta consignas, ni siquiera aquellas que yo querría darme a mí mismo. Las palabras, incluso en el arte de la prosa, transportan a quien habla y a quien las oye a un universo común, y son así arrastradas a un significado nuevo por una potencia de designación que excede a su definición recibida, por la vida sorda que han llevado y siguen llevando en nosotros.

14

La escritura en libertad es, pues, la palabra viva. La belleza de la escritura es su estar viva. Y solo puede hablarse de textos concretos, ir siguiendo desde la lectura cómo la escritura se va hilando cada vez. César Vallejo organiza *Trilce* movido por la resistencia a que su lengua cuaje en estilo, a que la construcción de un poema determine la del poema siguiente, desarticulando los núcleos de sentido que va componiendo; la estructura del libro parte de su dispersión. Lo que podría llamarse su ausencia de estilo muestra bien lo que se propone, una lengua sin autoridad. O cabe recordar aquellos dos versos de Aníbal Núñez: «Aquella música que nunca / acepta su armonía es armonía».

Podría decirse que la escritura surge cuando se produce un *clic,* algo que rompe con el discurrir del texto inerte. Algo que haga ver, sentir. Hay un poema de Tess Gallagher que parte de la muerte de una abuela, de la dificultad para hacerse consciente de cómo y cuánto se alteraba con ello la realidad; al volver a la casa, la nieta va a la habitación de la difunta y empieza a probarse sus abrigos

—cambiaba cada año de abrigo, aunque dejaba que el resto de su ropa se cayera de vieja—: «Fue mi modo de sentir la muerte / volver a la habitación / con tu edad puesta sobre mí como un saco». La palabra *saco,* ese *tu edad puesta sobre mí,* muestran que es el choque producido por un gesto el que causa la percepción (sentido, sentimiento), el que la impresiona afectando a la conciencia, y es entonces cuando una herida de conocimiento se impone, arma el poema.

La percepción de la belleza en la escritura no se da probablemente de manera difusa, no atañe a lo que leemos en general, sino que se manifiesta por momentos, en impactos que la ponen de relieve, que hacen sentir su filo. Lo que Barthes, hablando de la fotografía, llamó el *punctum,* marca, aísla la presencia de algo imprevisto. Una palabra, una frase, su sonido o su resonancia. El miedo, la belleza, el dolor, la alegría. Y de esos instantes con punta no se puede hacer estadística, pero sí se pueden observar a partir de su acción concreta.

El extrañamiento, el *clic,* no se identifica con un mecanismo determinado, porque en ese caso, sin movilidad, lo acecharía el desgaste, y también porque el poder de producir ese giro es relativo al contexto siempre distinto en el que actúa la escritura. En el ejemplo del pésame, era obligado evitar la literalidad («recibe mi pésame», «te acompaño en el sentimiento») y para que el mensaje dijera lo que debía decir era preciso variarlo, encontrar un uso de la lengua realmente ajustado a la intención, especial para el momento y la persona. Si es de este modo con las fórmulas de cortesía social, reducidas a cliché, también lo será con los procesos de codificación siempre activos en cualquier área de la práctica lingüística, que son constantes y tienden a absorberlo todo. Así, podría darse un movimiento inverso al descrito: si el proceso histórico de las hablas poéticas parecía haber tomado como dogma la elusión de lo literal, la codificación ha ido erosionando el recurso continuado a la metáfora y la comparación, u otras formas de simbolizar que excluyen la lectura literal de las imágenes. De tal manera, podría ocurrir que recuperar una literalidad proscrita, así como la referencia a una realidad inmediata, adquieran capacidad de extrañamiento, de *desliteraturizar*, quebrando la convencionalidad que domina e identifica el ámbito literario, el horizonte de expectativas desde el que se da en cada caso la recepción.

Literal no es lo mismo que transparente, y mucho menos equivale a realista; *literal* es simplemente lo que se dice al pie de la letra. Así, proponía Hilde Domin: «desnudar a las palabras de su significación tradicional que se ha enredado en ellas en cierto modo como una bola de nieve rodante. Hacer sensible a la palabra para su 'literalidad' ya no oída o solo accidentalmente oída». Un proyecto de limpieza, depurar los sentidos adheridos que ahogan el núcleo de realidad de cada palabra, recuperar la posibilidad de escucharla en lo que dice. Habría que anotar la coincidencia de esta «bola de nieve rodante» con las «palabras-camello» de Maiakovski: estas buscaban en la depuración *lo nuevo*; Domin propone lo mismo, alejarse del significado heredado, para restablecer lo literal. Y queda de manifiesto la necesidad de renovar las soluciones cada vez, ante la permanente expansión de los códigos.

En cambio, la codificación literaria tiende a tapar los ojos, impidiendo percibir lo real concreto. Puede considerarse un ejemplo bastante conocido.

En la destructiva crítica que Eliot hizo de Poe, se ensañaba especialmente con la caracterización del cuervo en el célebre poema. Atribuía a Poe «una cierta irresponsabilidad respecto del significado de las palabras». Sobre todo, citaba este verso: «Surgió un majestuoso cuervo de los santos días de antaño» y, entre otras cosas, alegaba: «en el cuervo no hay nada especialmente santo (si es que en realidad el ominoso pájaro no es precisamente todo lo contrario) y no puede tener ningún significado referir su origen a un periodo de santidad […]. Se describe al cuervo como *majestuoso,* pero en seguida se nos dice que es *desgarbado*, atributo difícil de conciliar, sin una buena dosis de explicaciones, con la majestuosidad». La distancia que separa las dos imágenes del cuervo es la distancia que hay entre lo codificado y lo percibido realmente. Las «responsabilidades» que pide Eliot son las de la ortodoxia literaria. Si el cuervo resulta con tanta evidencia *ominoso* y lo contrario de santo, no ha de ser por la conducta y las formas de vida de los cuervos reales. *Ominosos* en la literatura y según cierta codificación social, pero neutros para el sentido, como los demás pájaros, en el movimiento del mundo. El cuervo vive una larga vida (en torno a los setenta años), tiene usos monógamos y un cerebro entre los mayores de las aves; anida en sitios fijos y relativamente apartados de las poblaciones: nada extraño sería, al verlo levantar el vuelo de un rastrojo reseco, pensar en los antiguos eremitas («los santos días de antaño»). Su vuelo es pesado y lento en el arranque, a causa de su envergadura, pero seguro y potente («majestuoso», en esa soledad); por otra parte, la disposición de sus plumas sugiere un cierto desaliño, como también la aparente desproporción entre las alas y el cuerpo («desgarbado»). Y esto, dicho no desde ninguna explicación dada por Poe, sino desde la imagen de un cuervo real: lo que, según Eliot, era literariamente irresponsable, acaba resultando un vívido trabajo de descripción.

En la semblanza biográfica que Elizabeth Bishop escribió de su amiga Marianne Moore, se detenía en un momento de su obra:

En el poema «Elefantes», tras una hermosa descripción del elefante y su cuidador indio que ocupa cinco estrofas, la señorita Moore se detiene de repente y afirma, asqueada de la retórica: «Como si, como si, todo es como si; estamos / muy incómodos». De este modo, le da una expresión dramática a uno de los problemas de la poesía descriptiva, aunque hasta el momento, en realidad, solo había dicho «como si» una vez. Es un fastidio tener que estar todo el tiempo diciendo que las cosas son como otras cosas, aunque no parece haber alternativas.

Bishop no solo destaca la frase, sino que indirectamente señala su intencionalidad; no hay que olvidar que la poesía de Moore concede un enorme peso a lo descriptivo y ya con eso está desafiando uno de los dogmas de la poesía moderna, el anatema de la descripción, por más que en la poesía norteamericana esto no haya sido tan rígido. Moore abre un paréntesis en el curso del poema para hacer una declaración teórica a favor de la literalidad, como ruptura de un hábito literario —y la traducción de Mariano Peyrou encuentra un término, *incómodo* (en vez de los más frecuentes para traducir «unease», inquietud, intranquilidad), cargado irónicamente con el denostado *como*.

Por la continua movilidad de las palabras, que en la *escritura* nunca aparecen de manera genérica sino con máxima concreción, se explica la fuerza que la literalidad puede adquirir incluso en un escenario onírico, como el que recoge un poema de Eli Tolaretxipi: «El estómago se pega al pulmón. / En sueños, lo sostengo como piedra / negra y porosa entre mis manos y lo observo. / Le soplo. / El sonido es la dentera algodonosa de los oídos». La fuerte extrañeza de las imágenes excluye que sean metafóricas; su nitidez permite una especie de ecografía en la que se siente táctilmente ese pegarse, se observa color y textura de un órgano, se oye el sonido de lo difícil de soportar.

Pero, del mismo modo, la metáfora puede partir de un elemento de la lengua directa y potenciar su sentido sensible, recurriendo a algo cotidiano, palpable, que sume materia al mundo que se está trazando, le dé relieve. Se trataría de una metáfora construida con vocación de acercarse de forma más concreta y completa al mundo, como ocurre con los movimientos de sentido en estos versos de Víctor M. Díez:

Una mujer agotada
que se arrodilla y mete la cabeza
en el cubo y se aprieta la melena.
Un palo azul o rojo,
una melena verde abierta e inmóvil.
Un pulpo abandonado
después sobre el piso. Humedad
desinfectante aromático.
Saltas sobre tu reflejo electrizado

—la narración fluye en la precisa corriente descriptiva. Para que el extrañamiento no se quede romo, es necesario que no se convierta en un recurso, que deje sentir su cualidad imprevisible.

Por eso, al contrario de la concepción clásica, la belleza de la escritura suele no ser un lugar común, compartido. Porque pide un tipo de atención intensa y sostenida, una actitud incondicional, en el acercamiento al texto, para que este actúe en quien lee. Hay un largo poema de Marianne Moore con el equívoco título «Un pulpo», que el primer verso matiza: «de hielo», «bajo un mar de cambiantes dunas de nieve». Porque el medio no es marino: la metáfora abre paso al relieve y los habitantes de una montaña, por donde cruzan cabras y antílopes, osos y tordos de agua; como ella dice, «las complejidades continuarán siendo complejidades / mientras el mundo perdure». De la metáfora se va a la realidad material en todos sus grados, con la característica red de entrecomillados de Moore, que nunca se llega a saber si aportan citas, integrándolas en una mirada, y/o juegan a dispersar en multitud de focos la presencia de hechos y seres. En el curso de esa operación, se encuentran estos versos:

> «una montaña con esos preciosos trazos que confirman que es un volcán»,
> su cima un cono completo como el del Fujiyama
> hasta que una explosión lo voló.
> Destacable por una belleza
> de la que «el visitante nunca se atreve del todo a hablar a la vuelta
> por miedo a ser apedreado como un embustero».

Como la de esa montaña, la belleza es una experiencia fuerte, especial, situada en lugar y tiempo, unida a quien la siente; no es un juicio compartido. De ella «el visitante nunca se atreve del todo a hablar a la vuelta». Se diría que los poetas conocen un miedo de esta índole, son los tomados por «embusteros». La escritura pone en juego un espacio en extremo personal y, sin embargo, aspira a que quien lee pueda apreciarlo del mismo modo.

«Sin isla previa no hay belleza», dice uno de los *sofismas* de Vicente Núñez; la singularidad es condición de la belleza, la huella de la mano que escribe.

III

DE LA BELLEZA DE LA ESCRITURA

15

En *Errar*, publicado en 1991 y el primero de sus
grandes libros, Eduardo Milán hace de la palabra *tensión* el núcleo en torno al que todo gira:
«No sale nada más íntimo que el temor, / tiem-
bla de íntimo, hace como que aletea, luce. Parece
/ el color de no escribir, el luto de escribir, la sola
/ latencia sola, la tensión de lo que late sin nacer».
Hay en sus poemas, con frecuencia, una conver-
sación no manifiesta consigo mismo, o tal vez con
alguien a quien tiene presente mientras escribe, y
el hecho de estar escribiendo se va mezclando en la
escritura. El sentido es incierto, pero lo impregna
todo una peculiar identidad casi sin referente: el
poema es lo que es, sola tensión, incluso si no llega
a existir: «Solo un poema puede hacer / como que
nace y no nacer porque un pájaro nace y nace. /

Pero el poema no es sino sino, viento viento, ave / de verdad, advenimiento». El poema formula la tensión en el aire, el lugar del no decir, del no llegar a decir, una enorme concentración de energía sin salida.

Seguramente *Errar* habla de esto —de la tensión, del decir o no, del referirse: «Real es la palabra más bella de este reino / en ruinas, *real*». Desde el primer verso se había planteado ya, casi a la manera de un programa: «Ni arco ni flecha: solo / tensión». La escritura es el cuerpo de la tensión, no hay alguien que tense ni hay ningún fin, pero es un habla que se tensa y las palabras van gobernándose por su sonido: «Debajo / del pájaro, debajo del tajo del mediodía / esta herida no se cierra por encendida, / por empecinada nada, por el puro eco / de una cara a otra cara, por carente». La *herida* subyace, preexistía *encendida*, está *por debajo* de las palabras; es *carencia*, una *nada* que existe antes que la voz, y va a seguir cuando esta calle. Y, en el núcleo magnético de la tensión, la corriente sonora empuja, arrastra —el lector encuentra la herida también fuera de ahí, la reconoce cuando se detiene, en su callar.

Y con humor, al borde de la *boutade*: «Solo algo como Dios supera a la palabra zapatos en tensión, pies / extendidos en espera del tiempo que los calce» —más que un modo de nombrar las cosas, la palabra es energía; pero, sea como sea, las nombra, abre su expectativa, promete su realidad. De ahí, la belleza de la palabra *real*: «Pájaros hay: he visto un cardenal. / Pájaros de ley: lo oí cantar».

Parece que la existencia de las cosas va por un lado y el deseo va por otro; que las cosas se bastan por sí mismas, pero tal vez no basten: «Nada calma la sed de intensidad. Y que cereza puede ser / esa palabra encarnada entre el cardenal y la nada». Ni las cosas ni las palabras, ni el tejido de sonidos que les hacen entrecruzarse, pertenecerse y ser ajenas. *Real* era una palabra, *cereza* también lo es, la cereza encarnada está al lado del pájaro encarnado, tan cerca de la inexistencia, que es —de nuevo— el callar. La tensión está, la intensidad no viene. Alguna clase de emoción las distingue, alguna forma de existir.

Quise más arriba acercarme a la sensación de intensidad desde un poema de Tess Gallagher, donde se hablaba de un personaje, un abuelo evocado, y se decía que en un destello él había descubierto «algo que no podría ser repetido / aunque lo pusiera por escrito». Llamé entonces así a ese destello irrepetible, concentrado en un solo instante. El curso de este poema —«Si la poesía no fuera una ética»— parece moverse todo él en torno a eso momentáneo y capaz de impregnar la vida. Y por ello no se desarrolla como proceso de reflexión, sino como inventario de incisiones, momentos disímiles de la vida. Este es su comienzo: «Soy de ese tipo de mujeres que / cuando escucha a Bobby McFerrin cantar sin palabras / por primera vez en la radio del coche tiene que / hacerse a un lado y detenerse con el motor / en marcha». Gallagher parte de la banalidad —«ese tipo de mujeres»—, y en su seno surge una sensación que rompe el rumbo práctico de lo cotidiano y no pretende sentar doctrina musical ni que pueda parecer sentimental. Que quede solo la sensación, su irrumpir: se tiene que parar en el arcén para apurar el momento, para obedecer a esa fuerza. Es un punto agudo, también un punto de cruce: sensación y sentimiento invaden la conciencia, se suspenden en ella con la luz de un pensamiento; pero son de otro orden, se detienen y están, no conocen desarrollo, aunque sí memoria.

El poema va pesando más a medida que los *momentos* que evoca son más diversos, más heterogéneos: «La foto / de las últimas pertenencias de Gandhi pegada al lado de / mi máquina de escribir: gafas, sandalias, papel / y pluma, escritorio portátil y algo blanco / al fondo como un colchón enrollado». Es ahora un modelo de vida —«desearía poder reducirme a / eso»—, pero hay otros modelos, también otros lugares en que podrían manifestarse, y sin embargo, la sensación se concentra en un punto concreto: la foto, el lugar en que está pegada, el eco entre el escritorio de ella y el de él; es ahí Gandhi, el sonido de su nombre.

Algo es banal, algo individualiza, y esta segunda impresión prevalece. Al llegar ahí leyendo, recordé el nuevo sentido que había sumado Gandhi para mí desde hacia poco. Estaba escribiendo un ensayo sobre los poemas de Pessoa en sus diez últimos años de vida, los llamados *ortónimos*, los firmados por él mismo. Leía en una biografía reciente las páginas referidas a su adolescencia en Durban, en la costa sudafricana del océano Índico, y de pronto apareció allí Gandhi, viviendo en una casa próxima, con su primer trabajo como abogado, con una nueva experiencia de la discriminación racial y la opresión social de los trabajadores indios a los que defendía, haciendo su opción personal definitiva; me conmovió esa contemporaneidad, imaginar en Durban su vida vecina tan distinta y la huella de los dos. Y cuando, al final de los enormes volúmenes ortónimos, apareció un poema titulado *Un soir à Lima,* en el que Pessoa era autobiográfico por primera vez, dos meses antes de su muerte, y evocaba —al son de la pieza musical que da título al poema— un anochecer en familia, su madre tocando el piano, la luna africana, y abandonaba las formas cerradas de aquellos cientos de poemas, las rompía con un verso libre fluyente, que parecía ir a prolongarse sin fin… Fue un momento que Gallagher podría haber incluido en su poema, y que este lleva ahora a evocar. Titulé el ensayo *Un soir à Lisbonne,* ahí quedó y vuelve ahora.

Este doble vínculo temporal de la intensidad —el impacto asociado al instante y, también, una peculiar sensación del tiempo, que en esta anécdota de Gandhi y Pessoa destaca la contemporaneidad primero, la proximidad de la muerte para Pessoa luego— tiene un lugar propio en la escritura de otro poeta portugués, más reciente, Gastão Cruz, al que ya antes cité y del que traduje el libro *La moneda del tiempo*. En el poema «Mi vida es tu eternidad», hay un *tú* y un *yo* que parecen prolongadamente unidos, el *tú* ha muerto y todo lo que de él subsiste está en la memoria del *yo*: mientras este siga viviendo, serán eternos los dos —se afirma. El cuerpo de ella, de ese *tú*, se ha vuelto «abstracto», «inexistente como un opaco / lugar donde la luz ya no regresa»; pero ambos continúan compartiendo esa zona suya de encuentro, fuerte, emocionante y que, sin embargo, pende de un hilo: «tu vida y la mía coinciden / en tu tiempo mortal y en la imagen / eterna mientras vivo». Y la irrealidad de ese existir, que solo el poema en su conciencia hace real, sitúa su herida en unas fronteras temporales que pueden casi palparse, plenitud de dolor y certeza.

Algo semejante ocurre en «Cosas contemporáneas», pero dando otra vuelta de tuerca al doble efecto de la finitud y la duración paralelas:

Las aves de las que soy contemporáneo
los árboles, los barcos que por la ría
se mueven o se fijan como imágenes
que simultáneamente brillan
en todos los momentos en que las vimos.

Y luego:

contemporáneos al fin de qué
cosas y símbolos, no siendo ya
la naturaleza el templo de pilares vivos
sino el templo del tiempo y entre quien
vive quien vivió y quien vivirá,
solo recordamos la leve ondulación
de mareas y raíces, mientras
la mente oscila en los límites de una
vida.

Y, al final:

cosas contemporáneas de una vida
que excede mi vida.

Por estos versos sabemos que «la mente oscila
en los límites de una vida», y es este límite el
que reúne lo perdido y lo que vendrá en un presente que la existencia de las cosas concreta, un
presente que habitan las cosas haciendo del paso

entero de la vida un solo tiempo, solo presente. Pueden entonces confundirse el paisaje natal del Algarve y el de toda una vida en Lisboa, como se confunden todos los tiempos recorridos en una sola percepción de estar vivo. Y lo agudo de esta percepción, cuando en el destello de un momento surge, es la presencia que adquieren en el tiempo los detalles materiales, los que quedan indeleblemente marcados en un punto de su transcurrir.

Los detalles materiales, todos los detalles. En el poema del pulpo que era una montaña, y viceversa, Marianne Moore se fija en una marmota que anda por allí, y anota cómo la individualidad de este animal está a cada momento amenazada, no por la repetición de sus rutinas existenciales, como el dicho sobre «el día de la marmota» haría pensar, sino por el espeso y complejo abigarramiento de lo que existe. Quizá la mayor entre las sabidurías de Moore es mostrar el filo material y vivo de cada detalle, y elegir para hacerlo no el aislamiento del objeto, sino su inmersión, su pérdida intermitente en medio de la saturación de existencias que

es el mundo —ahí va abriendo su sintaxis, disper-
sándola en niveles y estratos cuya jerarquía se va
diluyendo en la velocidad y el movimiento. El filo
del detalle se pierde entre la suma inabarcable de
los detalles con filo, se pierde y a la vez se conserva,
como el continuo tic-tac de la materia al darse. La
marmota se

pregunta qué la ha asustado
una piedra de la morrena que baja a saltos,
otra marmota o los moteados ponis de ojos
    vidriosos,
criados con hierba y flores escarchadas
y rápidos sorbos de agua helada.
Amaestrados —nadie sabe cómo— para escalar la
    montaña
con hombres de negocios que necesitan para
    divertirse
trescientos sesenta y cinco días festivos al año,
estos caballitos llamativamente moteados son
    peculiares;
difíciles de distinguir entre los abedules, los hele-
    chos y las ninfeas,
las azucenas del alud, los pinceles indios,
las orejas de oso y las colas de gatitos,
y los desfiles en miniatura de hongos sin clorofila,

engrandecidos de perfil sobre los lechos de musgo
   como piedras de luna en el agua;
el desfile del calicó que compite
con la genuinamente americana casa de fieras de
   los estilos
entre las flores blancas del rododendro que coro-
   nan las rígidas hojas
sobre las que la humedad lleva a cabo su alquimia
y transmuta el verdor en ónix.

Y no es aquí posible, en efecto, ningún «día
de la marmota» porque, pese a la velocidad con
que surge y desaparece cada nuevo elemento, el
momento en que irrumpe tiene tal relieve que la
atención se ahogaría gustosa en el esfuerzo por
multiplicarse, por el intenso deseo con que se
siente cada vida entre tanta vida acumulada.

El relieve del detalle y, a la vez, la proliferación
extrema, el *horror vacui*. El Barroco también tuvo
este pulso y resuena en él el fragor de la casuística,
esa rama de la teología práctica que depuraron los
jesuitas en el siglo XVII, y que ha tenido largo eco
en el derecho o la medicina, o en la ética aplicada
donde remite a un análisis de casos específicos,
diferente —quizá opuesto— de los razonamien-

tos morales que parten de reglas o principios. Reo de muchas polémicas, objeto de indignación desde la perspectiva de las verdades generales, se la ha llamado «teoría modesta», porque no comienza con —ni enfatiza— dogmas o teorías. Algo que viene a conectar, desde otro origen, con la verdad concreta que pide la escritura. En ella se inscribe aquel fragmento sobre los sentidos en quechua de la terminación *-yllu, -illa,* aquel otro sobre qué especie o conformación de árbol prefiere cada especie de pájaros, la irrenunciable demanda de la descripción.

Lo que ocurre en la casuística es que la resistencia del *caso* a ser reducido a semejanzas o denominadores comunes obliga a llevar la teoría o la interpretación de la ley a un escenario que sería el mismo de la lectura: el reconocimiento vivo de lo singular, una libertad fuera de reglas. Lo recuerda Víctor M. Díez en un diario imaginario de Denardo Coleman, hijo y batería de Ornette Coleman, justamente el músico que bautizó el *free jazz*: «Cosí cien botones en la chaqueta de la noche / Ninguno era igual, todos significaban algo». Del mismo modo, al leer estos versos de Eli Tolaretxipi:

veo un gran saltamontes verde pegado al cristal de
la puerta.
Lleva toda la tarde ahí.
Parece como si alguien lo hubiera colgado con un
hilo invisible.
Le tomo una foto instantánea con poca esperanza
porque es de noche
y el flash es débil y la luz rebotará. Pero no.
Sale su panza. Salen sus patas esqueléticas
y el destello no ha alterado su posición,

es inevitable acordarse de la vieja hipótesis de Barthes sobre un «efecto de realidad» en que la palabra diluía el significado para expresar solo *existencia*. Y la sostenida observación de la poeta, su duplicación con la fotografía, hablan de lo insólito que hoy resulta que algo *exista* con individualidad propia.

La imagen de los «cien botones», que «ninguno era igual, todos significaban algo», es un buen modo de acercarse a la escritura, y conviene leer estos versos de *Trilce*:

Al rebufar el socaire de cada carabela
deshilada sin americanizar,
ceden las estevas en espasmo de infortunio,

con pulso párvulo mal habituado
a sonarse en el dorso de la muñeca.
Y la más aguda tiplisonancia
se tonsura y apeálase, y largamente
se ennazala hacia carámbanos
de lástima infinita

—conviene leerlo, digo, con la guía de las palabras
de César Vallejo en una entrevista de 1931, donde
ponía la precisión como su principal afán: «La precisión me interesa hasta la obsesión. Si usted me
preguntara cuál es mi mayor aspiración en estos
momentos, no podría decirle más que esto: la eli-
minación de toda palabra de existencia accesoria,
la expresión pura, que hoy mejor que nunca habría
que buscarla en los sustantivos y en los verbos».
Y esto, que él conduce hacia el trabajo lingüístico, como parece obligado en quien escribe, a
los lectores, de algún modo, los ayuda a leer, los
guía: leerlo, partiendo de que él busca nombrar
con precisión, que nombra algo determinado, con
su existencia y materialidad, con su memoria y
temor, con su contexto, concentrado todo ello en
el nombrar; y, en consecuenccia, esa decisión ha de
sostener la lectura, llevarla a insistir por más que a

veces no se vea bien a dónde va, para poder ir llegando hasta donde ella llega. El poema continuaba:

> Soberbios lomos resoplan
> al portar, pendientes de mustios petrales
> las escarapelas con sus siete colores
> bajo cero, desde las islas guaneras
> hasta las islas guaneras

—e, insistiendo en la lectura, las alusiones primeras a la colonización española van abriendo paso, en perfecta continuidad, a la dureza del trabajo manual, a la miseria y el frío de la explotación, de una economía extractiva que nada construye salvo este sufrimiento, y que tan bien expresan las labores de recogida del guano, recurrentes en las páginas de *Trilce*. Como en el primer poema del libro «calabrina tesórea» nombra el excremento, aquí el desamparo de los desposeídos requiere el cultismo y el neologismo, una extrema imaginación léxica y el crudo cruce naturalista, para encontrar la exigida *precisión* en un lugar de lengua que reconozca su dignidad.

16

Al principio del apartado anterior, anotaba cómo *Errar*, el libro de Eduardo Milán, hacía de la tensión núcleo de una poética. Siguiendo entonces su forma de moverse en los poemas de Milán, citaba estos versos: «Debajo / del pájaro, debajo del tajo del mediodía / esta herida no se cierra por encendida, / por empecinada nada, por el puro eco / de una cara a otra cara, por carente». Y consideraba esta *herida,* que subyace *por debajo* de las palabras, y cómo el lector podría luego reencontrarla en otra parte, reconocerla. Pero después mi rumbo se ocupó de la tensión y la intensidad, de la aguda sensación del tiempo y el filo del detalle. Cabría ahora esbozar otro itinerario que a partir de los mismos versos se moviera en torno a la *herida*.

Errar parpadeaba, como se vio, entre la realidad del mundo y la de la lengua; suele entenderse que se trata de esta, pero no puede dejar de pensarse en aquella: «El viento choca con la pared / del silencio y volverás a ver lo que veías: sol, el sol / sobre el silencio de riel. Real: la herida». Estar inerme en el silencio lleva a sentir con más fuerza los elementos del mundo, el viento, el sol. Y tratar de conducir ese estado al habla no se sabe bien si supone eludir o ahondar, pues se mantiene la misma palabra —herida—, aunque quizá no sea en verdad la misma palabra: «Hay que estar / muy herido para referirse, muy herido de lenguaje» —en difícil equilibrio entre la abstracción metalingüística y la evidencia real, el poema va concretando paso a paso: «Me refiero a ti», «Me refiero al Cañón del Colorado. Me refiero a / un abismo desnudo que Christo viste», «Me refiero a la nada», «Por último, / sin miedo, me refiero a mí». El rodeo a través del recuerdo del artista cuya obra consistía en envolverlo todo, en envolver especialmente los lugares emblemáticos de referencia a través del planeta, le permite a Milán, con su mecanismo sonoro, añadir otras muchas cosas, posarlas al lado de la herida; pero, al final, ese «sin miedo» supone una especie de confesión, ese miedo es lo que cuesta asumir la herida, el dolor, que subyace. La *herida* es el huevo y la gallina, precede a la escritura y sucede a la palabra, es de fuera y propia, se envuelve y se desnuda, es aquello de lo que se habla y el propio hecho de hablar. Está siempre.

La *herida* es violencia que se ha hecho sobre la vida y esta acusa; pero, después de ella, incorporándola, la vida sigue. La expresión de la carencia es otro paso, que se vincula con algo ya apuntado: lo que no se puede decir. La vida en la carencia, la distensión que entonces llega a veces a producirse como un reencuentro. Su belleza es distinta, no tiene semejanza. Cae de modo impresionante sobre las páginas arrugadas y precarias de los *Cuadernos de Vorónezh,* cuando se conoce ya el final, su inminencia, aunque no cuándo será:

Todavía no estás muerto. Todavía no estás solo.
Con tu amiga la mendiga
Gozas de la grandeza de las llanuras,
De la niebla, del frío y de la nevada.
[...]
Son benditos los días y las noches
Y es inocente la fatiga dulce y sonora.

Hay dos momentos en *Contra toda esperanza* —las memorias de Nadezhda Mandelstam, memorias de la vida compartida, de aquel destierro, de aquellos cuadernos— que quedan en su escritura como algo que abre la carencia a otra luz: aquel viaje clandestino a Moscú cuando encuentran refugio en casa de Shklovski y este le regala al marchar su buen abrigo; y aquella escena —Mandelstam ya en su soledad final— de un campo de concentración siberiano, en que el grupo de delincuentes, mejor organizado, se reúne de noche a compartir el lujo de unas latas de conservas conseguidas con sus mañas, han invitado al poeta y este, que solo cuenta con su voz, les dice de memoria sus poemas. A ella se lo relató, mucho tiempo después, alguien que había podido volver del campo.

En estos textos interviene, sin duda, lo extraordinario de las circunstancias. Sin embargo, aunque lo singular sea siempre extraordinario, puede también componerse con lo más ordinario, con residuos apenas. Quizá lo que más me atrae de la poesía de Tess Gallagher sea la gran distancia aparente entre sus medios, sus herramientas de trabajo, y su poder, y cómo muestra que la percepción de la belleza no tiene lugares reservados. Cambiar el ángulo de la mirada: por ejemplo, una hija vuelve a la casa familiar a reclamar sus cosas, lo que dice haber dejado allí, y su madre responde a su ansiedad con una ternura que no estaba en la memoria: la hija ve entonces la casa sin nada, despojada como ha quedado. O a alguien le es imposible encontrar un hueco para la vida en su ritmo de trabajador de una sucia fábrica, sucia y destructiva, todas las horas, y quien lo ve aprende a reconocer también la vida propia en esa dureza; el giro de la mirada que ofrece el poema entrega a la vez una mirada personal y el surgir de una conciencia de clase a la que no se pone nombre. Es una lengua sencilla, sin subrayados, la que opera ese giro, la que sin aparente perturbación produce de pronto un impacto emocional que llena la cáscara de lo dicho. La sensibilidad como piel del poema, su atmósfera, el ver de súbito lo que no se veía, las intensidades ensordecidas que se resguardan dentro de las cápsulas en que uno habita. Gallagher lo gestiona sin narración, como en vilo; solo están las formas de caer en la cuenta, hacer que caiga el lector.

Ese ver súbitamente, y su vínculo con la belleza de la escritura. Vuelvo al poema de Carlos Piera que me acompaña desde el principio:

Reticente a los edificios huiste
y abrigaste con lentas plantas tu soledad.
Años de condiciones: decías, cuando pueda ver,
decías, si tengo mi ámbito…
Ha pasado una vez una mujer. Han sido
años lentos de espera. Tal vez seas un viejo
y un ermitaño, como piensan, porque
una espera muy larga es devoción.
No supiste, no viste. De repente
sabes mirar la bruma del sol de la mañana
y el campo de verdad, explicaciones
de una espera vuelta hacia atrás.

De cada hoja, de repente hermosa,
cuelga hace tiempo desesperación.

La belleza es externa, objetiva, están ahí fuera la
bruma y las hojas; pero solo aparecen por un saber
mirar. Se trata de un peculiar saber porque se da
en lo instantáneo, *de repente,* cada vez surge como
una revelación. Y tiene algo de sorpresa pues, un
momento antes de producirse, no se sabía, no se
podía prever. Como en la experiencia del crítico
que ha leído muchos libros de poemas: su campo

de expectativas, de previsiones, se ha ido haciendo más amplio con los años y, con todo, está leyendo y le alcanza esa misma fuerza de latigazo que ya no preveía.

En el poema de Piera, la vida, largos años de ella, parece un proceso de espera, ascético. Y ese *de repente,* repetido, provoca un doble cambio muy significativo. Se da en ese punto una emoción perceptiva, la experiencia de la belleza y, a la vez, la espera —en su conciencia desesperada— se ha ido convirtiendo en una clase de conocimiento en forma de saber-dolor existencial. Ambos cambios no son simultáneos («De cada hoja, de repente hermosa, / cuelga hace tiempo desesperación»), aunque parece que una única conciencia permite nombrarlos a la vez. La lentitud, la concentración, la insistencia eran precondiciones, pero lo repentino da la clave, *explica* las cosas reconociéndolas inexplicables, les da sentido.

Todo ello participa en la experiencia de la belleza y, por otro lado, crea un tipo de irradiación que implica al conjunto del poema. De este modo, se podría relacionar el verso: «una espera muy larga es devoción» con el último libro publicado por Carlos Piera, *Religio:* «Lu, sílaba simiente, motivo de la lengua, / hacia ti no se va: se vibra. Surges / y no hay aquí ni allí». Son versos que podrían leerse desde «Ermitaño». En ellos, la poesía parece concentrarse en esa «sílaba simiente»: descrita así literalmente, hecha de material lingüístico, goce sonoro en el tenso trabajo rítmico del libro, pero sobre todo *simiente,* porque de ahí todo procede. Pero simiente no convencional, que no funciona mediante siembra o plantación; el verso «hacia ti no se va, se vibra. Surges» condensa lo que había ocurrido en «Ermitaño»: por mucho que se alargue la espera, no resulta conocido. Todo es del orden de la sensación (se vibra) y de lo repentino (surges). Como sucedía en estos versos de Eduardo Milán: «Es bello lo que surge, urge no temerle a la belleza / los primeros segundos de cualquier aparecer». *Surgir* es el verbo de la belleza.

Los lectores de Walter Benjamin conocen cómo, en su reflexión, estas irrupciones de lo súbito van poco a poco discerniéndose mediante el análisis de lo que llamó *shock*, que viene a adensar, a partir de contextos muy diferentes, la cualidad de lo repentino. En *La obra de arte en la época de su reproductibilidad técnica,* explica que el shock sería el efecto del cine cuando su movimiento, el cambio continuo de sus imágenes, interrumpe el curso de las asociaciones que iba estableciendo el espectador. «Gracias a su estructura técnica —concluye—, el cine finalmente ha liberado el efecto de *shock* físico que el dadaísmo, por así decir, mantenía aún envuelto en lo moral de la construcción de este embalaje»: el efecto de interrupción del cine, así entendido, equivale a la ruptura lingüística (desnudándola, además) que proponía la más radical de las vanguardias. Esta percepción del contacto entre lo formal, sea de origen técnico o lingüístico, y los efectos de sentido catalizó el pensamiento de Benjamin sobre lo estético, pero también acerca del conocimiento en todas sus variantes, presentando el *shock* no solo como interrupción, sino como cualquier tipo de ruptura, clic, salto, torcedura, aparición de lo imprevisto, discontinuidad, cambio de tono:

En la teoría del arte de Baudelaire, el motivo del shock nunca entra en juego solo como máxima prosódica. Ese mismo motivo es el que actúa cuando Baudelaire convierte en suya la teoría de Poe sobre la función de la sorpresa en la obra de arte. En distinto contexto y perspectiva, el motivo del shock surge igualmente en la «sarcástica risa del infierno», esa que sobresalta al alegórico sumido en medio de sus ensoñaciones.

Benjamin lleva, por tanto, a la teoría las formas de ruptura de la atención, recorriendo con otro tipo de argumentación y sensibilidad zonas muy próximas a las del extrañamiento formalista o a la práctica de la escritura. Así, el manejo radical de la discontinuidad con que Vallejo compone *Trilce,* con una gama de procedimientos mucho más amplia de lo antes mencionado. Su lengua parece construida como un juego de voces parpadeante de continuo, un montaje de hablas diversas. Una miríada de procedimientos de detalle se va dispersando en una tarea que busca dar con una forma para cada instante del texto; cada poema tiene su propia energía, su propio mecanismo de tensión y distensión. Y, más allá aun, la autonomía de cada texto se abre incluso a la autonomía de las zonas y tonos que lo componen. Así, los rasgos más reconocibles tendrían un carácter más bien negativo, privativo, o evitarían mecánicas de repetición; no serían, por tanto, como los rasgos que se suelen inventariar y clasificar cuando se estudia la obra de un poeta, o no lo serían —en todo caso— de manera convencional. Se podría hablar, en cambio, de fragmentación y falta de jerarquía estructural, de la mezcla continua de lenguas, la construcción de microzonas autónomas en los poemas, etc. Y, por supuesto, del montaje del conjunto, el orden y organización del libro: un montaje desestructurado, sin trama ni prevalencias, sin progresión, de modo que se va abriendo en cada punto entrada y/o salida a la lectura y, el impacto de esta puede variar según cuál sea el orden seguido por el lector.

José-Miguel Ullán, que desde su juventud incluyó en los poemas numerosos elementos coloquiales, trabajados de maneras muy distintas en busca de diversos efectos lingüísticos, en sus últimos libros los fue incorporando, cada vez más, como mecanismos contundentes de interrupción. En *Visto y no visto,* en *Razón de nadie,* en *Órganos dispersos* y los últimos poemas sueltos, el texto es interrumpido por una frase coloquial, que se señala con cursiva o comillas, entre signos de admiración, como dicha en voz alta (*oída,* por tanto) a modo de inciso, o al margen del discurso principal; no son palabras singulares, a menudo traen la reticencia o el juego metafórico de algunas frases hechas: *vais dados, a otra cosa, esto no es nada, hostias casi me pilla...* Algo que rompe el hilo, porque suena al tiempo aquí y en otro lugar, en el papel y en el oído; algo que, sin apenas sentido ni contexto, sitúa de pronto la enunciación del poema en un punto de la realidad vivida.

Este estar en dos lugares a la vez, hablar y oír, mirar desde dentro y desde fuera, podría recordar que, para algunos —Schlegel, Paul de Man—, el modelo de la ironía moderna es el aparte del actor en escena. Pero lo que busca Ullán, con este uso —prueba de realidad, bisagra irónica— es una especie de atentado del poema contra sí mismo, una poética de la negación que lleva a descreer de todo lo que también impulsa a creer. Es un gesto antipoético que, en la distancia conseguida, hace que se afile la conciencia, que se imprima más en ella la experiencia de la lectura. Y es clara su voluntad de quebrar el ritmo, de puntuar el texto con rupturas que impidan cualquier tentación de abandonarse a la grata facilidad de las palabras que fluyen de continuo. Incluso algún poema se asoma a tematizar este gesto. Así, el titulado «Pregunta de un profeta a Jeroboam» arranca con una especial solemnidad retórica que cuesta situar en contexto, y solo un momento después se produce la quiebra con una frase que alguien vocea: «cuando / oye el relincho engendrador en todo / su apogeo: / —¡Córtaselo al cero!»— y el inicial «trono» desciende a sillón de la barbería, y todo ello a una ambigua guasa que no tapa la lástima íntima de la memoria. Es la acción de la frase *oída* la que produce la interrupción: «aunque los dos sepamos / a veces ser opacos y a veces / transparentes (—¡Nos ha jodido!) / o jaspeados». En la densa sintaxis de esos últimos libros, la *interrupción* chirría, en toda su banalidad, al horadarla. Nada de esto queda sin consecuencias: en la identidad del *yo,* en su relación con el mundo, en su convicción y su escepticismo, en el papel concedido al poeta. Y, como digo, en la conciencia de la lectura, en el impacto de su experiencia.

Con su admirable capacidad abarcadora, ve Benjamin abrirse en el momento puntual del shock, en su choque, una variedad de operaciones cuya nota común puede ser, una vez más, singularizar la percepción del texto o de la obra de arte. Quizá en Benjamin —en comparación con la propuesta de Shklovski— esté más presente la dosis de violencia que este efecto conlleva; así, cuando analiza las reacciones del espectador en las ferias:

> La masa no quiere que la «instruyan», y solo puede recibir y acoger el conocimiento con el pequeño *shock* que, al producirse, enclava lo vivido en su interior. Su formación es una serie de catástrofes que la sorprenden en las oscuras tiendas de las ferias, donde la anatomía les entra por los ojos, o también en el circo, donde al primer león que ven se le une la imagen imborrable de un domador que mete en sus fauces el brazo.

Lo ajeno de este contexto a lo que aquí se trata favorece, sin embargo, focalizar algunas palabras: «solo puede recibir y acoger el conocimiento con el pequeño *shock* que, al producirse, enclava lo vivido en su interior» —«enclavar lo vivido en el interior de sí mismo» se parece también al movimiento que la percepción repentina de la belleza produce en la lectura.

El componente de violencia del shock devuelve directamente a la carta de Kafka con la que casi empezaba: «Libros de los que muerden y pinchan», «como un puñetazo en la cara», decía. Como en este programa sugerido por Adrienne Rich: «aprendí a volverme / poco apetecible. Escamosa como un bulbo seco / tirado en el sótano». O, de manera contundente, en esta escena de Eli Tolaretxipi, en que a primera vista parece resonar la vieja dicotomía de lo físico y lo sentimental:

> Me despierto en un portal.
> […]
> Me sacudo el polvo.
> Solo un amor en descomposición olería así.
> Un animal muerto hace días

entre los peldaños de una escalera
de una historia como esta
olería así.
«Así» significa olor a carne podrida
a descuido
a desperdicio.
En algún lugar del cuerpo
el paso de sus uñas, tan sucias
siempre, de pintura
de sangre seca

—pero no se trata de esa dicotomía: el sentido se
concentra en un núcleo fuertemente físico (olor-
asco) que no se da como correlato o traslado de
una sensación, sino como sensación misma, poten-
ciada, continuada, insoportable.

Todas las circunstancias, cualquier clase de elementos pueden darse en este efecto; pero lo que decide
en él, en su surgir, es más bien el tiempo no cro-
nológico de una química, un saber acerca de lo
explosivo. En la larga cita que antes hice de la nota
donde Carlos de Oliveira explicaba cómo se generó
Micropaisaje, no había llegado a su final, que decía:

«Cuanto más depurada sea la propuesta, mayor será su margen de silencio, mayor su inesperada carga explosiva. La propuesta, la pequeña bomba de relojería, es entregada al lector. Si la explosión se da se oye mejor en el silencio». «Bomba de relojería», como imagen de la perfecta construcción de un poema, también aparecía en la poética inicial de Francis Ponge (aunque este no se distinguió después por la depuración y el silencio, sino por el desbrozamiento inacabable y el insistente juego de prueba-error). *Explosión*: fruto del trabajo de la escritura, orientado precisamente a hacer que actúe de modo súbito, violento. Un clic, una torcedura. Extrañamiento. La experiencia de la belleza se traslada en el tiempo, y, hasta la mesa del lector, en el espacio. De lo que ha explotado apenas puede hablarse; se tiene tanta certeza de ello como falta de explicaciones, ese momento las deja en suspenso.

Impresiona encontrar esta misma explosión —y no solo la explosión, sino la confirmación de la violencia que supone— en la escritura de Emily Dickinson, con todo su mito de quietud, de retiro (eremita también ella):

El alma tiene momentos vendados —
Cuando el espanto no la deja moverse —
Siente un pavor lívido subir —
Y pararse a mirarla
[…]
El alma tiene momentos de Huida
Cuando revienta todas las puertas —
Y danza, como una Bomba, afuera,
Y se columpia sobre las Horas.

A lo largo de sus poemas, se comprueba que no consiste en un simple movimiento impulsivo o evasivo, sino que es esta violencia la que hace posible la experiencia de libertad de cada poema, la que genera su espacio y abre las fuerzas que lo atraviesan.

Parece significativo que tanto Adrienne Rich como Susan Howe tomaran como eje de sendos ensayos sobre Dickinson —tan diferentes como ambas escrituras lo son— ese verso que dice: «Mi Vida ha sido — un Fusil Cargado» [«My Life had stood — a Loaded Gun»]. El título del ensayo de Rich, «El Vesubio en casa: el poder de Emily Dickinson», viene a insistir en ello: no un antiguo volcán ahora apagado, sino uno bien conocido por sus erupciones, una inminencia continua que se hace conciencia de sí:

> En mi volcán crece la Hierba
> Rincón meditativo —
> Parcela propia para el Pájaro
> Sería la opinión General —
> Cuán rojas son las rocas de lava que hay debajo
> Cuán inseguro el suelo
> Si lo revelase
> Poblaría de pavor mi soledad.

De nuevo «el pavor». Y siempre el contacto íntimo entre los opuestos, la conciencia de lo inminente, lo inesperado, lo repentino, la violencia. Son los elementos del mundo, las coordenadas en cuyo marco se habla-vive. En suspenso, pues, tras la explosión. Silencio. La belleza de la escritura comparece siempre en la cercanía del riesgo:

> La clara Conexión del Alma
> Con la inmortalidad
> La descubren mejor el Peligro
> O el Rápido Desastre —

Como el Relámpago en un Paisaje
Exhibe Franjas de Espacio —
Insospechadas — de no ser por el Rayo —
Y el Disparo — y lo Súbito.

Toledo y Úbeda, 2023-2024

José María Arguedas, *Los ríos profundos*. Edición de Ricardo González Vigil. Madrid, Cátedra, 1995.

Roland Barthes, *Ensayos críticos*. Traducción de Carlos Pujol. Barcelona, Seix Barral, 1967.

—, *El grado cero de la escritura,* seguido de *Nuevos ensayos críticos*. Traducción de Nicolás Rosa. Buenos Aires, Siglo XXI, 1973.

—, *El susurro del lenguaje*. Traducción de C. Fernández Medrano. Barcelona, Paidós, 1987.

—, *Variaciones sobre la escritura*. Traducción de Enrique Folch González. Paidós, Barcelona, 2002.

Charles Baudelaire, *Le Peintre de la vie moderne,* en *Œuvres complètes, II*. Edición de Claude Pichois. París, Gallimard, Bibliothéque de La Pléiade, 1976.

Walter Benjamin, *La obra de arte en la época de su reproductibilidad técnica,* en *Obras,* libro I, vol. 2.

Traducción de Alfredo Brotons Muñoz. Madrid, Abada, 2008.

—, «La gran feria de la alimentación», en *Obras,* libro IV, vol. 1. Traducción de Jorge Navarro Pérez. Madrid, Abada, 2010.

—, *Obra de los pasajes,* vol. 2, en *Obras,* libro V, vol. 2. Traducción de Juan Barja. Madrid, Abada, 2015.

Émile Benveniste, *Problemas de lingüística general,* II. Traducción de Juan Almela. México, Siglo XXI, 2015 (19ª ed.).

—, «La notion de 'rythme' dans son expression linguistique», en *Problémes de linguistique générale,* vol. I. Paris, Gallimard, 2016 (1º ed. 1966).

Jean-François Billeter, *Essai sur l'art chinois de l'écriture et ses fondements.* París, Allia, 2010.

Elizabeth Bishop, «Esfuerzos del cariño: Recuerdos de Marianne Moore», en *Prosa completa.* Traducción de Mariano Peyrou. Madrid, Vaso Roto, 2016.

Paul Celan, *El Meridiano,* en *Obras completas.* Traducción de José Luis Reina Palazón. Madrid, Trotta, 1999.

Gastão Cruz, *La moneda del tiempo.* Traducción de Miguel Casado. Madrid, Abada, 2017.

Gérard Dessons, *Émile Benveniste, l'invention du discours.* Paris, In Press, 2016.

Emily Dickinson, *Poemas.* Selección y versión de Marià Manent. Madrid, Visor, 1973.

—, *Poemas.* Edición de Margarita Ardanaz. Madrid, Cátedra, 1987.

Víctor M. Díez, *Discurso privado.* León, Eolas, 2014.

Hilde Domin, *¿Para qué la lírica hoy?* Traducción de Juan Faber. Barcelona, Alfa, 1986.

T. S. Eliot, «De Poe a Valéry», en *Criticar al crítico.* Traducción de Manuel Rivas. Madrid, Alianza, 1967.

Iréne Fenoglio, «La linguistique générale d'Émile Benveniste. Une épistémologie méthodique et continue», en *Émile Benveniste, 50 ans après les* Problèmes de linguistique générale. Giuseppe D'Ottavi et Iréne Fenoglio (dir.). Paris, Éditions Rue d'Ulm, 2019.

Tess Gallagher, *Amplitud.* Traducción de Eli Tolaretxipi. Gijón, Trea, 2015.

Antonio Gamoneda, *Esta luz. Poesía reunida 1947-2019.* Epílogo de Miguel Casado. Barcelona, Galaxia Gutenberg, 2019.

Susan Howe, *Mi Emily Dickinson.* Traducción de Ana Rosa González Matute. México D.F., Libros Magenta, 2010.

Roman Jakobson, *Arte verbal, signo verbal, tiempo verbal.* Edición de Krystyna Pomorska y Stephen

Rudy. Traducción de Mónica Mansour. México, Fondo de Cultura Económica, 1992.

Nadezhda Mandelstam, *Contra toda esperanza*. Traducción de Lydia K. de Velasco. Madrid, Alianza, 1984.

Osip Mandelstam, *Cuadernos de Voronezh*. Traducción de Jesús García Gabaldón. Montblanc (Tarragona), Igitur, 1999.

Maurice Merleau-Ponty, *Signos*. Traducción de Caridad Martínez y Gabriel Oliver. Barcelona, Seix Barral, 1964.

Eduardo Milán, *Nivel medio verdadero de las aguas que se besan*. Madrid, Ave del paraíso, 1994.

—, *Alegrial*. Madrid, Ave del paraíso, 1997.

Marianne Moore, *Poesía reunida (1915-1951)*. Traducción de Lidia Taillefer de Haya. Madrid, Hiperión, 1996.

Friedrich Nietzsche, *Sobre verdad y mentira en sentido extramoral*. Traducción de Luis Ml. Valdés. Madrid, Tecnos, 1990.

Aníbal Núñez, *Obra poética I*. Edición de Fernando R. de la Flor y Esteban Pujals Gesalí. Madrid, Hiperión, 1995.

Vicente Núñez, *Poesía y sofismas*. Dos volúmenes. Edición de Miguel Casado. Madrid, Visor, 2008 y 2010.

Carlos de Oliveira, *Micropaisaje.* Traducción de Ángel Campos Pámpano. Valencia, Pre-Textos, 1987.

Octavio Paz, *Los hijos del limo.* Barcelona, Seix Barral, 1981 (3ª ed.).

Fernando Pessoa, *Poesia 1931-1935, e não datada.* Edición de Manuela Parreira da Silva, Ana Maria Freitas, Madalena Dine. Lisboa, Assírio & Alvim, 2006.

Carlos Piera, *Apartamentos de alquiler. Obra poética reunida.* Madrid, Abada, 2013.

Edgar Allan Poe, *La filosofía de la composición,* seguida de *El cuervo.* Traducción de Ignacio Mariscal y Ricardo Gómez. México, Premiá, 1985.

Adrienne Rich, «El Vesubio en casa: el poder de Emily Dickinson», en *Sobre mentiras, secretos y silencios.* Traducción de Margarita Dalton. Barcelona, Icaria, 1983.

—, *Poemas (1963-2000).* Edición de María Soledad Sánchez Gómez. Sevilla, Renacimiento, 2002.

—, *Qué clase de tiempos son estos (1950-2012).* Edición de Eva Cruz, varios traductores. México D.F., El Tucán de Virginia / UNAM, 2014.

Paul Ricœur, *La metáfora viva.* Traducción de Agustín Neira. Madrid, Cristiandad, 1980.

Morris Rossabi, *Kublai Khan.* Traducción de César Vidal. Madrid, EDAF, 1990.

Jaime Saenz, *La noche,* en *Poesía.* Madrid, Trasatlántica / Amargord, 2017.

John Searle, *Actos de habla.* Traducción de Luis Manuel Valdés Villanueva. Madrid, Cátedra, 2017.

Viktor Shklovski, *Maiakovski.* Traducción de Francisco Serra Cantarell. Barcelona, Anagrama, 1972.

—, *La disimilitud de lo similar.* Traducción de José Fernández Sánchez. Madrid, Alberto Corazón, 1973.

—, «El arte como procedimiento», en *Sobre arte y literatura.* Traducción de Cristian Cámara Outes. Madrid, Ed. Asimétricas, 2021.

Gilbert Simondon, *La individuación a la luz de las nociones de forma y de información.* Traducción de Pablo Ires. Buenos Aires, Cactus y La Cebra, 2009.

Eli Tolaretxipi, *Amor muerto, naturaleza muerta.* Vitoria, Bassarai, 1999.

—, *Los lazos del número.* Vitoria, Bassarai, 2003.

José-Miguel Ullán, *Ondulaciones (Poesía reunida, 1968-2007).* Prólogo de Miguel Casado. Barcelona, Galaxia Gutenberg, 2008.

César Vallejo, *Obra poética.* Edición de Américo Ferrari. Madrid, Col. Archivos, ALLCA XX, 1997.

Richard Zenith, *Pessoa. Uma biografia.* Lisboa, Quetzal, 2022.

Este libro recoge frases de muchos poetas, teóricos, narradores. En el momento de cerrarlo vienen, desde las profundidades del siglo XX, dos voces que han sido una larga compañía. La de Viktor Shklovski:

«Para dar sensación de vida, para sentir los objetos, para percibir que la piedra es piedra, existe eso que se llama arte».

Y la de Émile Benveniste:

«Todo hombre inventa su lengua y la inventa toda la vida. Y todos los hombres inventan su propia lengua en el instante y cada quien de manera distinta, y cada vez de modo nuevo. Dar a alguien los buenos días cada día de la vida, es una reinvención cada vez».

Colección

DE LA BELLEZA